El sendero místico a la Divinidad

El sendero místico a la Divinidad

ENSEÑANZAS DE
MAESTROS ASCENDIDOS

Elizabeth Clare Prophet

Gardiner, Montana

EL SENDERO MÍSTICO A LA DIVINIDAD
Enseñanzas de los Maestros Ascendidos
Elizabeth Clare Prophet

Edición en español Copyright © 2023 The Summit Lighthouse, Inc.
Todos los derechos reservados.

Título original:
THE MYSTIC'S PATH HOME

Excepto por una única copia para uso personal y no comercial, ninguna parte de este libro puede utilizare, reproducirse, almacenarse, publicarse o transmitirse sin permiso escrito, excepto por críticos, quienes podrán citar breves extractos para una reseña.

Este libro es una recopilación de enseñanzas de conferencias de Elizabeth Clare Prophet y de dictados de los Maestros Ascendidos dados a través de ella y de Mark L. Prophet. En algunos casos se han parafraseado los textos originales, pero la mayor parte del texto son citas directas. Para facilitar la lectura, las fuentes originales no se indican en el texto.

Para obtener más información, póngase en contacto con:
The Summit Lighthouse, 63 Summit Way, Gardiner, MT 59030 USA
Tel: 1-800-245-5445 o 1 406-848-9500
info@SummitUniversityPress.com
SummitLighthouse.org

Library of Congress Control Number: 2023943229
(Número de control de la Biblioteca del Congreso: 2023943229)
ISBN: 978-1-60988-451-2 (rústica)
ISBN: 978-1-60988-452-9 (libro digital)

SUMMIT UNIVERSITY PRESS ESPAÑOL®

The Summit Lighthouse, Summit University Press, Summit University Press Español, el logotipo de Summit University, el logotipo de la llama trina, y *Perlas de Sabiduría (Pearls of Wisdom)* o sus equivalentes in ingles son marcas registradas en la Oficina de Patentes y Marcas de los Estados Unidos y en otros países. Todos los derechos reservados.

26   25   24   23   1   2   3   4

Índice

1 Unión mística 1

2 El cosmos Espíritu-Materia 19

3 La ciencia de la Palabra hablada 43

4 Cómo afrontar la oscuridad 57

5 La Hermandad de luz 67

6 El sendero del amor acelerado 87

7 El corazón de la Madre 103

8 El camino del Buda 113

9 Cómo conectarte con un Maestro Ascendido como tu Gurú 133

10 Mantras y decretos 145

Notas 181

Acerca de The Summit Lighthouse 184

Sobre los autores 193

*A quienes han sentido el llamado del corazón,
quienes buscan un significado
más allá de lo cotidiano,
quienes anhelan a ese amigo y maestro
que conoce su alma
y ha estado con ellos en muchas vidas…
bienvenidos..*

1

Unión mística

El espíritu de aventura es como una sed en el corazón de la gente, una sed que empuja a las personas hacia las montañas, a separarse de lo familiar y del hogar, a los rigores de arduos viajes donde la recompensa parece poco. Es la misma sed por descubrir la realidad que ha empujado a tantos a superar los confines familiares y los dogmas religiosos de su época.

Los místicos del mundo con frecuencia han sido ridiculizados y mofados, igual que los árbitros de la ciencia y la alquimia, los que quisieron descubrir en fenómenos poco conocidos o comprendidos los alcances internos del ser humano y el reino de su destino. Tal como el hombre civilizado destaca sobre las mentes salvajes, la luminosidad de las enseñanzas del Cristo, del Buda, de los rishis hindúes, de los grandes señores de los incas, de los misteriosos iniciados del pasado y del presente; sigue estando por encima de los recursos actuales del hombre para discernir el destino, como una estrella de esperanza para un mundo que espera el amanecer de una nueva era.

Quizá hayas escogido este libro porque buscas algo más que la religión organizada; y, aunque puede que no lo sepas, ya estás preparado para la experiencia y el sendero espiritual como lo enseñan los adeptos de todas las épocas. Ciertamente este es el sendero místico para el alma que desea profundamente unirse a Dios.

El sendero del místico no tiene fronteras, no tiene ninguna religión establecida, ninguna clase sacerdotal. Los místicos buscan la experiencia directa y verdadera con Dios a través de cualquier creencia espiritual que su corazón reconozca. Se trata de un sendero de amor y no de un ritual muerto o la letra muerta de la Ley, aunque la letra de la Ley sea esencial. El verdadero adepto llega a serlo a través de un sendero de amor. Esto no es un simple cliché; es una iniciación.

Los místicos más grandes de todas las épocas hablan de esta iniciación como la flecha de amor. Kahlil Gibran escribió: «Cuando el amor te llame, síguelo, aunque sus caminos sean duros y escarpados. Y cuando sus alas te envuelvan, cede, aunque la espada oculta entre sus alas pueda herirte».[1] Los místicos cristianos hablan de la unión espiritual y las iniciaciones del amor que la acompañan. Santa Teresa de Lisieux dijo que desde los catorce años sintió «ataques de amor» que la consumían «como una verdadera llama».[2]

«Estaba yo en el coro —escribió una vez— cuando me sentí de repente herida por un dardo de fuego tan ardiente, que pensé que me iba a morir... No hay comparación al describir la intensidad de esa llama. Parecía como si una fuerza invisible me hubiera echado al fuego... Pero ¡oh, qué fuego; qué dulzura!».[3] Tanto la encendió un amor que no es de este mundo, que en su autobiografía escribió: «Oh Jesús, al fin he encontrado mi vocación: *mi vocación es amor*».[4]

En una visión Jesús le dijo a Catalina de Génova que «estos dardos flamígeros de un amor irresistible son como olas de fuego. Salen volando de Mi pecho y comunican al hombre un ardor y un poder interior tales, que no puede hacer nada más que amar, permaneciendo inseparablemente unido a su Dios».[5] Esta unión personal con Dios es lo que define la experiencia mística.

Desafortunadamente, mucha de la religión ortodoxa de la actualidad es una religión hecha por el hombre que adora a un Dios hecho por el hombre. A menudo los que la siguen no encuentran el verdadero sendero de salvación, viéndose en cambio circunscritos por una ortodoxia que los ata a la rueda del renacimiento. Y el golpe de gracia lo dio el clero occidental, que negó las columnas gemelas de la reencarnación y el karma, las cuales, de haber sido reconocidas, habrían conducido a los cristianos al trono de su inmortal derecho de nacimiento. Los devotos que sí logran la unión con Dios en la Tierra lo hacen exclusivamente por el fervor de su corazón.

Sin embargo, incluso en esas religiones se puede hallar un sendero místico, uno que se salta el control del hombre y se concentra en la conexión individual con lo Divino.

Algunos han descrito el misticismo como un anhelo por volver al Origen; un conocer profundo del alma que sabe que somos chispas de luz divina en la oscuridad de este mundo y buscamos el camino para volver a lo Divino. Muchos místicos de muchas procedencias distintas han encontrado su camino de regreso al Origen y han llegado a ser Maestros Ascendidos. Estos Maestros Ascendidos tratan de llegar a los místicos de nuestra época para ayudarnos a escalar la montaña más alta del sendero espiritual.

Maestros Ascendidos

Quienes han pasado por experiencias cercanas a la muerte a menudo dicen haberse encontrado con seres maravillosos de luz. Mientras que algunos, como Jesús, resultaron fácil de identificar, otros no revelaron su nombre, sino que simplemente irradiaron amor, compasión y guía. Estos son los Maestros Ascendidos, quienes no son solo nuestros instructores, sino también nuestros hermanos y hermanas que ya han recorrido el sendero de la ascensión.

Desde el alba de los tiempos estos seres maestros han aparecido en todas las razas y nacionalidades, en todos los ámbitos de la vida y en todas las religiones. A algunos los reconocemos como personajes de las religiones más conocidas; a otros por su nombre, transmitido por los mitos, pues la gente de antaño conservó el recuerdo de los seres espirituales reverenciados en la Atlántida, antes de que esta cayera.

Los Maestros Ascendidos forman parte de la Hermandad de seres espirituales y huestes angélicas conocida como la Gran Hermandad Blanca. Esta Hermandad está formada por todos aquellos que se han reunido con Dios a través del ritual de la ascensión. En el hinduismo ellos son los dioses y diosas como aspectos del Dios único, Brahmán. En el budismo son los Budas que han obtenido la iluminación y se han liberado de la rueda del renacimiento. En el libro del Apocalipsis se los menciona como los santos vestidos de blanco que vienen como una «gran multitud, la cual nadie podía contar, de todas naciones y tribus y pueblos y lenguas».[6] El término «blanca» describe la gran aura de luz que los rodea. Está escrito que han «lavado sus ropas, y las han emblanquecido en la sangre del Cordero»,[7] queriendo decir que han transmutado su karma y purificado su alma; por tanto, visten el cuerpo solar imperecedero.

Los que se levantan y alcanzan la unión con Dios no forman parte de ninguna escuela de pensamiento, ninguna época, región, raza, religión o profesión. Ya no deben reencarnar, porque han entrado en el corazón del Ser Crístico. Debido a esto, los Maestros Ascendidos son los instructores más cualificados para iluminar la mente y el corazón de quienes tienen como meta la reunión con Dios y están decididos a lograrla mediante una sintonización y una discriminación aplicada al sendero del amor.

Jesucristo ejemplificó esta reunión con Dios. En el Evangelio de Juan, Jesús dice: «Ahora pues, Padre, glorifícame tú al lado tuyo, con aquella gloria que tuve contigo antes que el mundo fuese... Mas no ruego solamente por estos, sino también por los que han de creer en mí por la palabra de ellos, para que todos sean uno; como tú, oh, Padre, en mí, y yo en ti, que también ellos sean uno en nosotros».[8] Lo que hizo Jesús, nosotros también debemos hacerlo.

Los que ponen sus esfuerzos en un sendero espiritual están reintegrando su alma con su Presencia Divina interior a través de su Yo Superior o Ser Crístico. Esta fusión del Creador con la creación a través de la intercesión del Ser Crístico es la base del Sendero mediante la cual el aura del hombre se convierte el aura de Dios. Es la base mediante la cual el alma se integra con el Espíritu.

El Ser Crístico

¿Qué significa que los Maestros Ascendidos han entrado en el corazón del Cristo? ¿Por qué tienen un Ser Crístico si han salido de religiones distintas?

La realidad del Cristo va más allá del cristianismo. El Ser Crístico es nuestro Yo Verdadero; es lo que somos verdaderamente como individuos que reflejan la individualidad de Dios; es nuestra verdadera personalidad, que forma parte de la personalidad de Dios. El Ser Crístico es nuestro mentor, nuestro Gurú personal hasta el día en el que, al unirnos a ese Yo, afirmemos: «YO SOY el Cristo, YO SOY el Mentor, YO SOY el Gurú». La separación de este Yo, de esta realidad, solo se sostiene cuando elegimos por libre albedrío sustentar los componentes de la imagen sintética.

La palabra *Cristo* proviene del griego *Christos,* que significa 'ungido'. El Santo Ser Crístico es la luz, o el *Christos,* cuyo flujo de amor, sabiduría y poder es el conductor de la energía de vida desde el Espíritu hasta el cuerpo, el alma y la mente. El Santo Ser Crístico es el iluminador del corazón.

Este concepto es de hecho mucho más antiguo que el cristianismo. En el hinduismo, la esencia interior de cada persona se denomina Atmán. Los Upanishads hablan del Atmán como el Yo inmortal, el Espíritu interior, el Yo universal supremo. Estos textos enseñan que, tal como el Ser Crístico está unido a la conciencia divina, pero está individualizado para cada persona, el Atmán también está unido tanto a Brahmán como a una identidad específica.

Jesús encarnó a su Ser Crístico, igual que hizo Buda, Zaratustra, Moisés, la Virgen María, Kuan Yin, Saint Germain, el Padre Pío, El Morya y todos los Maestros Ascendidos. Mientras que cada religión utiliza una terminología propia para referirse a quienes han ascendido, estos deben soltar su yo humano y mortal para reunir a su alma con su Yo Verdadero, su Yo Divino inmortal.

El Ser Crístico de cada hombre, por tanto, es el vínculo directo que este tiene con Dios, su propio Mediador divinamente ordenado. La mediación del Ser Crístico es la puerta abierta por la que el alma pasa de su existencia no permanente en la Materia al átomo permanente del ser en el Espíritu.

Igual que el fuego único, cuando ha entrado en el mundo, siendo uno, asume formas distintas de acuerdo con aquello que queme, el Atmán interior de todos los seres vivos, siendo uno, asume una forma de acuerdo con aquello en lo que entra y se encuentra fuera de todas las formas.

Katha Upanishad

El alma es el potencial vivo de Dios. Nuestra alma lleva evolucionando tanto como nosotros llevamos en el universo material. Podemos pensar en el alma como una esfera transparente y reluciente en constante evolución o involución.

El alma es nuestra parte mortal que puede llegar a ser inmortal, que *debe* llegar a ser inmortal si ha de sobrevivir. Para lograr la inmortalidad, el alma debe fundirse con su Yo Superior, o unirse a él, el cual es su Santo Ser Crístico. Hasta que no tenga lugar la unión, el alma no es permanente y, por consiguiente, puede perderse.

Gurú y chela

En nuestro caminar por el Sendero hacia nuestra unión divina, podemos seguir los pasos de los Maestros Ascendidos.

1 · Unión mística

Cuando pedimos ayuda, ellos están ahí para dárnosla y para lanzarnos un salvavidas. Igual que desde un barco se le echa un salvavidas al que se está ahogando, los rayos de la ayuda luminosa de los maestros se derraman; sin embargo, a nosotros toca agarrarnos con fuerza a esos rayos, que en efecto son nuestro salvavidas, y sujetarnos mientras nos levantan. Ningún poder en la Tierra puede realizar el contacto ni mantenerlo por nosotros, sino que somos nosotros quienes debemos tener la fuerza de voluntad y la determinación de hacerlo.

Es cierto que en raras excepciones uno de los grandes Maestros Ascendidos desciende por esa cuerda del salvavidas para atárselo al que se está ahogando, sosteniéndolo y socorriéndolo, aunque él sea totalmente inconsciente de la verdadera ayuda que se le está dando. Entonces, cuando a la persona le vuelvan las fuerzas, se espera de ella que aprenda a dar el paso de llamar y mantener su progreso en el reino de Dios.

Cuando un Maestro Ascendido da esta ayuda personal, ello suele deberse a una conexión previa con esa corriente de vida, un servicio prestado a la luz en el pasado. Los Maestros Ascendidos nos ayudan en la medida en que lo permitan nuestro karma y nuestra conciencia, pero nosotros podemos abrir la puerta para recibir una mayor ayuda y tener una relación más profunda entre Gurú y chela.

En el cristianismo, esta relación se observa en Jesús y sus apóstoles, siendo esto también algo fundamental en el hinduismo y el budismo. Las palabras *Gurú* y *chela* pueden traducirse como instructor espiritual y estudiante. Pero la conexión de corazón entre el Gurú y el chela es mucho más grande y profunda de lo que se implica con esos términos, pues un chela es alguien con quien el Gurú comparte su vida y su aliento.

Es posible que tú ya tengas a un Maestro Ascendido como Gurú y que solo te haga falta redescubrir a ese maestro de manera consciente. Una vez que un Maestro Ascendido concede la condición de chela, no la retira como si se tratara de una capa sobre los hombros del chela, para volver a concederla y luego volver a quitársela. Cuando un maestro concede el manto de chela, el chela mantiene ese manto.

Tal como nuestro Gurú está presente por nosotros, nosotros debemos estar presentes por nuestro Gurú. Cuando no hay ningún sitio a dónde ir en un mundo con unas condiciones cada vez más oscuras, los Maestros Ascendidos se dirigen al corazón del chela, igual que nosotros nos dirigimos al corazón de Cristo en cada Maestro Ascendido.

La búsqueda del Gurú es algo proveniente de lo profundo de nuestra alma. Es como la semilla que busca un patrón cuya espiral ella pueda seguir. La asociación del chela con el Maestro Ascendido es especial en todos y cada uno de los casos. Para cada chela hay una unión especial y cada encuentro es un momento especial en la eternidad, cuando el tiempo no existe y el espacio se consume. Estas experiencias con los Maestros Ascendidos las tienen día a día quienes tienen la voluntad de dejar atrás los patrones del yo inferior y de unirse a la conciencia solar del Yo Superior. Y, aunque cometamos errores, los Maestros Ascendidos siempre intentan llevarnos de vuelta al Sendero y a una dimensión más alta de entendimiento.

Los Maestros Ascendidos son maestros de la vida en el tiempo y el espacio porque controlan sus pensamientos y sentimientos, sus palabras y sus acciones. Han utilizado muchos medios para alinearse con el Espíritu de Dios, mediante alguna religión o mediante ninguna. Los Maestros Ascendidos han elegido interponerse entre la humanidad y el karma personal y planetario que se avecina. Esto lo pueden hacer estableciendo un lazo con aquellos de nosotros que permitamos que nos utilicen como instrumentos de su emisión de luz. Tal como ellos son intercesores por nosotros, nosotros podemos ser intercesores por el mundo al afianzar la luz de los maestros a través del servicio a la vida y la oración.

Cuando le pedimos a un Maestro Ascendido ser su chela,

nos convertimos en parte de una gran cadena universal de seres cósmicos, huestes angélicas y maestros. Al mirar al hilo de contacto, vemos una cadena reluciente de luz, eslabón tras eslabón, siendo cada uno de ellos una persona o un hijo puro de Dios, un Maestro Ascendido y su chela.

Igual que un Maestro Ascendido tiene un lazo de corazón a corazón con nosotros, asimismo él es chela de un ser ascendido que está por encima de él. Cuando meditamos en el corazón de un Maestro Ascendido, nos estamos conectando no solo con ese ser, sino con su instructor y con el siguiente, siguiendo el hilo dorado de contacto hasta el mismísimo corazón de nuestro Dios Padre-Madre.

El hilo de contacto

Este delicado hilo de contacto es nuestra conexión individual con los Maestros Ascendidos, con la jerarquía, con la Presencia YO SOY, con el Ser Crístico, con todo el Espíritu de la Gran Hermandad Blanca y con toda alma de la llama que evolucione en la Tierra. Es un hilo delicado, un hilo cosido con la armonía de la Ley, un hilo de oro, un hilo que te llevará al Origen, un hilo que tiembla cuando Dios habla, un hilo que se mueve con el impulso que le des al moverlo y decir: «¡Dios mío, escúchame! Estoy aquí abajo». Por tanto, podemos mover las cuerdas del corazón del Padre-Madre cósmico como principio de vida. Por tanto, sentiremos la respuesta y sentiremos el ritmo de un cosmos.

Mantener el hilo de contacto es la responsabilidad principal que tiene el discípulo en el Sendero. El hilo de contacto se mantiene con devoción. Las devociones de cualquiera de las religiones del mundo te llevarán lejos, pero no únicamente las palabras. ¡Más bien la clave es la efusión de amor de tu corazón! Se trata de la percepción de que Dios está en muchas manifestaciones, pero sigue siendo el Dios único.

Si, por ejemplo, tú consigues obtener luz y estableces la conexión cantándole al Señor Krishna, ¡cántale a él! Encuentra en ti mismo el punto de contacto real que tienes con el ser celestial que sientas más cerca de tu corazón y corre hacia él recitando sus mantras y sabiendo que el mantenimiento del hilo que se convierte en un cordón de luz, después en una cuerda, después en un cable gigantesco y después en un túnel, sustentará y salvará a millones de personas de las calamidades para las que no están preparadas.

Cuando el hilo de contacto se corta, las almas que ya no lo tienen pueden sufrir una verdadera noche oscura. Por eso los estudiantes de los Maestros Ascendidos están llamados a guardar la llama de Cristo, de Maitreya, de Buda; porque en esa llama del corazón algunos llegarán a conocer su propia Cristeidad. Debemos ser llamas convirtiéndose en bodhisatvas.

La llama trina

A esta llama del corazón se la conoce como la llama trina, y es la esencia de tu inmortalidad. La llama trina es lo único inmortal que tienes aquí abajo. Es un fuego vivo que gira, de color amarillo, rosa, azul y blanco. La llama trina no está estática. Sube y baja, casi en concordancia con los altibajos de la vida. Esta llama trina es el fuego de Dios que arde en el plano de la Materia para sustentar al alma viva como una identidad semilla.

La llama trina tiene cuatro puntos. El primero es la base, la esfera blanca. Ahí encontramos a la Madre Divina. Del fuego blanco de la Madre Divina brotan tres penachos: el de la santa voluntad de Dios, el de la santa sabiduría de Dios y el del amor divino. Estos penachos deben estar sincronizados, deben estar en armonía, como una flor de lis.

Los Maestros Ascendidos te llevan por el sendero de iniciación a la velocidad que tú quieras. No se retiene a nadie siempre que la persona cumpla los requisitos de la Ley, entre los cuales tiene suma importancia el equilibrar la llama trina.

¿Cómo se puede saber cuándo un penacho es más grande que los otros? Medita en tu llama trina. ¿Algún aspecto está menos

desarrollado? ¿Podrías lograr más maestría en el amor, en la sabiduría o en el poder?

Al intentar expandir la llama trina, también hay que saber que existe la vibración pura de cada penacho, así como el mal uso de cada penacho. Por ejemplo, al penacho azul de la voluntad de Dios se opone la tiranía, la crítica, la condenación, el juicio, los chismes y la dureza de corazón. Si puedes identificar alguna de estas cosas en ti, puede que hayas abusado del penacho azul. La llama mal utilizada no puede crecer hasta que el abuso es transmutado.

Cuando la llama trina está equilibrada y la esfera blanca se convierte, como si dijéramos, en la vasija de los tres penachos, verás que habrá un equilibrio en el cuerpo, en la psique, en el cerebro. Verás que estarás en paz contigo mismo, porque estarás en equilibrio.

La luz interior

La llama trina es la llama de Cristo dentro de cada corazón. Es la presencia interior del Atmán.

La enseñanza védica de *Satchitananda,* Realidad suprema, también muestra la naturaleza trina de lo Divino. *Sat* es existencia pura, el diseño original de la realidad inalterado por el pasado, el presento o el futuro; *chit* es conciencia pura, la esencia eterna que ilumina todo pensamiento y toda experiencia; y *ananda* es la dicha pura y el amor puro del Yo Divino. Estas tres cosas juntas expresan el estado divino.

Al entender la llama trina, somos conscientes de que este estado divino yace dentro de nosotros, algo que los místicos de Oriente y Occidente han experimentado de forma personal. Uno de ellos fue Henri Le Saux, monje benedictino que viajó a la India como misionero a finales de la década de 1940. Tras conocer al místico y santo hindú Ramana Maharshi, Le Saux decidió que la India se beneficiaría del cristianismo solo cuando este pudiera producir místicos como Maharshi.

Ramana Maharshi vivió de 1879 a 1950, siendo uno de los santos más queridos que la India ha producido. A los diecisiete años dejó a su familia, marchó a Arunachala, la montaña consagrada a Shiva, se deshizo de todas sus posesiones y se sentó a meditar. Su cuerpo comenzó a consumirse, pero su anhelo por Dios era tal que nada le importaba, y logró una identificación total con su Yo Divino. Ramana Maharshi atrajo a un gran número de seguidores y se convirtió en el santo más popular de la India.

El principio básico de Ramana Maharshi es que la unión con Dios, o con el Yo, no es un «estado extraño o misterioso, sino la condición natural del hombre».⁹ Maharshi también dijo que la mejor definición del Yo es «YO SOY EL QUE YO SOY».¹⁰ En su intento de imitar a Ramana Maharshi, Le Saux se hizo ermitaño en Arunachala y empezó a meditar. He aquí su descripción de una experiencia mística en la que recibió una conciencia especial del Atmán.

En el centro más profundo que tengo, en el espejo más secreto de mi corazón, he intentado descubrir la imagen de aquel de quien yo soy, de aquel que vive y reina en el espacio infinito de mi corazón. Pero la imagen reflejada se desvaneció gradualmente y pronto desapareció en el resplandor de su Original. Paso a paso descendí en lo que me parecieron las profundidades sucesivas de mi verdadero yo: mi ser, la percepción de que existo, mi alegría de existir. Finalmente, no quedó nada más que él, el Único, infinitamente solo, Ser, Conciencia, Dicha, Satchitananda. En el corazón de Satchitananda regresé a mi Fuente.¹¹

Sobre la llama trina, Jesús ha dicho:

Esa llama trina es más poderosa, más maravillosa, está más llena de sabiduría, más inspirada y encendida por el amor que cualquier otra cosa que pudiera adquirirse en muchos universos y muchos milenios en el futuro o el pasado.
¡Vuestra llama trina es la clave, amados! Es vuestro tesoro. Ciertamente es la piedra y el cubo blancos. Ciertamente es la fuente de la juventud eterna. Protegedla como si fuerais caminando y sabiendo que lleváis al Buda vivo en vuestro pecho. ¿No caminaríais con cuidado?... Por tanto, caminad con ese sentimiento: «Mi llama trina es la fuente de vida eterna en todos los universos, en todos los seres que pudiere contemplar. Aquí mismo, en mí, está todo lo que YO SOY, todo lo que necesito, la vida abundante llena de alegría».¹²

Cuando tengas la llama trina equilibrada y, por consiguiente, esta pueda aumentar aún más por el poder del «tres por tres», comprenderás el contacto directo con la Gran Hermandad Blanca, el sentimiento de caminar al lado de los inmortales, sin ninguna separación, ningún velo, ningún apartamiento.

La Presencia YO SOY

La llama trina es la llama que está abajo, la chispa de la vida afianzada en el centro del ser. La llama que está arriba se llama Presencia YO SOY.

Tu Presencia YO SOY es el origen de tu ser, cuya vida te emite tu Santo Ser Crístico a cada momento. La Presencia YO SOY es el Espíritu inmutable de Dios, la pureza Divina absoluta, la percepción absoluta únicamente de lo que es Real. La Presencia YO SOY es el Concepto Inmaculado. Y nosotros somos la Presencia YO SOY en acción cuando nos comportamos como lo haría la Presencia YO SOY si estuviese en nuestro lugar.

Esto lo volvemos a ver en el hinduismo. El Paramatman es el Yo supremo, al que la ilusión de este mundo no puede llegar. Es el Yo Divino infinito, unido a Brahmán.

La Presencia YO SOY es la figura superior de la Gráfica de tu Yo Divino. Está rodeada por los anillos del cuerpo causal, que son distintos para cada persona y que reflejan el logro obtenido a lo largo de las vidas. La figura media es el Ser Crístico. La figura inferior simboliza el alma en su esfuerzo por reunirse con las dos figuras de arriba. El alma puede reencarnar una y otra vez, pero no es inmortal hasta que se reúne con el Cristo vivo y la Presencia YO SOY, hasta que logra ascender.

La ascensión

La ascensión es la reunión del alma con la Presencia YO SOY individualizada. La ascensión es la aceleración de la percepción que el hombre tiene de sí mismo dentro del Dios Padre-Madre; es el saldar el karma por la ley de la armonía y la realización del dharma como deber propio para llegar a ser el Yo Divino real de uno mismo.

La Gráfica de tu Yo Divino

La ascensión es una meta para todo hombre, mujer y niño del planeta. Es la exteriorización natural de la gracia divina en acción. Sin embargo, el emprendimiento del sendero hacia la maestría, el logro, la victoria y la ascensión es un proceso iniciático. El paso de un plano de dualidad y de tiempo y espacio hacia la eternidad puede llegar a ser un sendero solitario, aunque nos rodeen muchas personas. Sin embargo, el individuo que está asumiendo el aura o manto de Dios comprende que ese mismo manto, por su presencia, debe separarlo por necesidad de los que lo rodean.

Comprenderás, por tanto, que la última escalera hacia el cielo se sube a solas. El gran consuelo que espera y lo que hay que soltar y debe quedarse atrás deja cierto vacío, que a menudo es difícil de comprender. Al contemplarlo o anticiparlo, muchos vuelven y buscan de nuevo el calor del hogar y los compañeros. Pero después de haberlo hecho muchas veces, uno decide que, precisamente por los amigos, debe seguir adelante.

Cuando renunciamos a un nivel, otro surge ante nosotros. Durante la escalada podemos descubrir a nuestro Gurú, a los amigos de antaño, a las almas compañeras y a nuestra llama gemela. Aunque la última iniciación —la ascensión— se realiza a solas, esta Hermandad de luz nos acompaña hasta la puerta.

Cuando poseemos la unión de nuestra conciencia exterior e interior en la victoria de nuestra ascensión, ello no significa que dejemos de existir. Más bien, nuestra conciencia se une completamente a nuestro Yo Divino. Por tanto, logramos nuestra liberación suprema de todas las cosas humanas en lo ilimitado de su amor, sabiduría y poder divino. Este ser divino de luz y amor del que nos hacemos parte irradia una gracia constante y una gran ayuda silenciosa para todo este planeta y todas sus evoluciones.

La llama de la ascensión es el amor más puro del núcleo de fuego blanco del Dios Padre-Madre en nuestro ser. Cuando se completa la ascensión, cada uno de nuestros electrones habrá sido purificado totalmente por esta llama —causa, efecto, registro y

memoria—, quedando solo lo bueno. El proceso de la ascensión es la aventura sagrada para acelerar todo lo que somos.

Si eres un candidato a la ascensión, recibirás incrementos de esa llama de la ascensión; y podrás disfrutar de la alegre cadencia, la risa y la libertad, la intensa liberación de esa luz mientras caminas en ella todos los días de tu vida. Como si estuvieras siendo construido y reconstruido piedra sobre piedra, ahora piedras vivas que sustituyen los rayos de mortalidad con los de inmortalidad, descubrirás que la piedra cúspide sobre tu pirámide del ser será la culminación de la acción intensa y total de la llama de la ascensión.

¡Alégrate, pues, por estar en el camino en el que te convertirás en una individualidad en Dios, un ser inmortal, un siervo del Altísimo!

2

El cosmos Espíritu-Materia

Toda la vida en la Tierra se encuentra en un estado de devenir y parece estar sujeta a las leyes de la desintegración. La gente trabaja sin cesar para conservar la esencia de la vida en su cuerpo y para mantener sus propiedades y posesiones de modo que no se deterioren, no caigan en el desuso y se desintegren con rapidez ante sus propios ojos, como si fueran polvo que vuelve al polvo

Pero así no es como debía ser la Vida. Los que pueden dar testimonio de las octavas etéricas de luz (de la juventud eterna que brilla con tanta intensidad sobre los rostros de ángeles y Maestros Ascendidos como sobre el rostro de un bebé recién nacido) pueden conocer el poder que tiene la llama de la resurrección para volver a infundir en toda la vida en el cosmos Material sus impulsos acumulados innatos de renovación, renacimiento, rejuvenecimiento y la bendita llama de la reciprocidad.

¿Qué es esta llama? Es el principio que comparte la vida en el cosmos. Es el ritual de amor de autovaciamiento y autoentrega mediante el cual el recipiente Alfa imparte las esencias del Espíritu al Omega y el recipiente Omega se autovacía, derramándose en el Alfa. En el intercambio divino de los amantes eternos, ensalzada en el remolino del taichí manifiesto en las partículas infinitesimales de núcleos atómicos, descubrimos que la ley de la reciprocidad, expresada tan dulcemente en el mantra de la llama de la resurrección, «Bébeme mientras YO SOY quien te bebe», se encuentra en el corazón del ritual interminable de la vida del proceso creativo-recreativo.

El intercambio divino tipificado en el flujo en forma de ocho de la integración es la celebración de la unión suprema del cosmos Espíritu-Materia que ya es, que era y que siempre será y que, sin embargo, ahora no es evidente ante quienes aún no contienen toda la medida de la vida del Espíritu en el recipiente de la Materia.

Los siete rayos

La belleza del orden universal del cosmos Espíritu-Materia consiste en que cada corazón y alma individual tiene su sitio.

Quienes desean ser chelas, quienes desean practicar el sendero de la liberación del alma, se alegrarán al saber que existen siete senderos distintos de Cristeidad, que uno de esos sendero encaja más con la personalidad de su alma y con su vocación interior, y que un segundo rayo complementa al primero. Se podría decir que en los siete rayos tengas una concentración principal y secundaria de estudio y aplicación de la ley que rige el sendero para llegar a ser el Cristo.

Tú puedes definir en tu mundo y en tu vida el sendero que vayas a seguir de regreso a tu origen. A medida que vayas aprendiendo más sobre los Maestros Ascendidos y sus enseñanzas, a medida que leas sus palabras y medites en ellas, empezarás a identificar la ubicación de tu alma en uno de los sendero de los siete rayos.

Imagínate un rayo de luz que entra en un prisma y se divide en siete rayos iridiscentes. Estas son las divisiones naturales de la pura luz que emana del corazón de Dios al descender por el prisma hacia la manifestación. Los siete rayos corresponden a los siete chakras, que son los recipientes afianzados en ti para esos rayos.

Cuando interiorices y manifiestes la meta de la Cristeidad individual en el equilibrio de los siete planos del ser en tus chakras, serás capaz primero de equilibrar la llama trina y después de aumentar la luz de la Madre Divina que se eleva y que se convierte en el imán del Buda que desciende.

Sabiendo qué rayo sigues puede ayudarte a que aceleres el desarrollo espiritual y el fortalecimiento del servicio que prestas al mundo.

El primer rayo es el rayo del poder de Dios y el chakra de la garganta, de dieciséis pétalos, es el centro de poder en el hombre.  A través del don del habla, los hijos de Dios ejercen el poder y la autoridad de la Palabra hablada mediante este chakra, y aumentan su fe y su perfeccionamiento de la Palabra y Obra del SEÑOR con una devoción sacrificada a la voluntad de Dios. El color de este rayo y este chakra es un brillante azul zafiro.

El Arcángel Miguel, Arcángel del Primer Rayo, nos inicia en los usos del poder con el chakra de la garganta. Él esgrime el poder del primer rayo del alba para toda la humanidad. Es el Defensor de la Fe y de la mujer, pues es defensor de la Virgen Cósmica y la Madre del Mundo, y la defiende a ella, así como al Divino Hijo Varón y a la progenie de la Mujer Divina en todo el cuerpo planetario. ¡El Arcángel Miguel viene para liberarnos y producir la actividad de la mente de brillo diamantino de Dios en el centro del corazón!

El segundo rayo es el rayo de la sabiduría de Dios y el chakra de la coronilla de mil pétalos es el centro de sabiduría en el hombre. A través del don de la inteligencia,  los hijos de Dios ejercen el alumbramiento de la mente de Cristo y logran la iluminación del Buda. El color de este rayo es el amarillo brillante del diamante amarillo.

El Arcángel Jofiel, Arcángel del Segundo Rayo, nos inicia en los usos de la sabiduría en el chakra de la coronilla. Él allana el camino para la acción iluminada y para la luz del entendimiento. Sus legiones están formadas por instructores cósmicos que están preparados para recibir a quienes deseen instruirse divinamente y a quienes hayan pasado las pruebas de lealtad a la voluntad de Dios en el primer rayo. Cuando existe un compromiso del ser y una renuncia a todo lo demás para hacer la voluntad de Dios, estos instructores llegan. Y lo hacen con los Instructores del Mundo y los bodhisatvas, los que están llegando a ser el Buda.

El tercer rayo es el rayo del amor de Dios y el chakra del corazón de doce pétalos es el centro del amor en el hombre. A través del don de la caridad, los hijos de Dios expresan la compasión del Sagrado Corazón de Jesús y Gautama y perfeccionan la vocación del amor en la Tierra.

El Arcángel Chamuel, Arcángel del Tercer Rayo, nos inicia en los usos del amor en el chakra del corazón. Él hace guardia ante el portal del templo del corazón. El Arcángel Chamuel es la acción del amor cósmico y su alegría. Él es el juicio de ese amor que desciende al núcleo de fuego blanco del ser. Ese amor viene creciendo y con furia, con el viento y las olas, el relámpago y la tormenta. Ese amor viene con el primer sonido de los pájaros al amanecer y la primera luz que susurra cosas de la eternidad y del eterno Hijo del amor en el corazón.

El cuarto rayo es el rayo de la pureza de Dios y el chakra de la base de la columna de cuatro pétalos es el centro del fuego sagrado de la pureza en el hombre. A través de esta fuerza vital, que es un don de la Madre Divina, los hijos de Dios llegan a ser cocreadores con la Trinidad y purifican su alma y sus chakras para reunirse con la luz eterna. El color de este rayo es la resplandeciente luz blanca del Dios Padre-Madre, que está concentrada de la mejor manera en el diamante.

El Arcángel Gabriel, Arcángel del Cuarto Rayo, nos inicia en los usos del fuego sagrado en el chakra de la base de la columna. Él es Gabriel del Sol, arcángel de la luz blanca de la Madre Divina  y del alma en ti. Viene para dividir el camino entre la Luz y la Oscuridad y lo Real y lo Irreal. El Arcángel Gabriel proclama tu derecho a la individualidad, tu derecho a ser capturado en la llama de Dios y que no te trague la oscuridad de la entidades irreales, los yoes irreales, aquellos aspectos que niegan la individualidad.

El quinto rayo es el rayo de la plenitud divina de Dios y el Ojo Omnividente de Dios es el medio de precipitarla desde el Espíritu a la Materia a través del chakra del tercer ojo de noventa y seis pétalos en el hombre. A  través del don de la verdad y el sonar de la Palabra, los hijos de Dios aplican principios de armonía en acordes de música y en fórmulas alquímicas de las artes curativas para restaurar esa plenitud divina, como Arriba, así abajo. También practican la ciencia total de la Madre y la religión totalmente inclusiva del Padre mientras hacen las obras de Dios en la Tierra. El color de este rayo es el verde esmeralda.

El Arcángel Rafael, Arcángel del Quinto Rayo, nos inicia en los usos de la ciencia y la religión, la música y las artes curativas en el chakra del tercer ojo. Él es la luz de la verdad y siempre viene por la verdad con una espada viva de juicio en la Tierra. Todos los que aman la vida y la sirven lo han conocido a niveles internos. El Arcángel Rafael es el ayudante que siempre está presente. Con sus ángeles de luz del quinto rayo, viene con la ciencia de Dios para abrir el velo a fin de que se pueda conocer la ciencia de la sanación.

El sexto rayo es el rayo de la paz de Dios y el chakra del plexo solar de diez pétalos es el centro de la paz y el poder de la paz en el hombre. A través del don del deseo que Dios tiene de paz, los hijos de Dios se ponen a servir y a ministrar a toda la vida. El color de este rayo es el morado alejandrita y oro solar topacio, salpicado de cristal rubí.

El Arcángel Uriel, Arcángel del Sexto Rayo, nos inicia en los usos de la paz, la maestría del chakra del plexo solar. Él es el Ángel de la Paz y del Juicio. El Arcángel Uriel se pone ante el Cristo venidero con la plenitud del juicio y la plenitud de la resurrección, y viene con una espada flamígera que no se puede sofocar.

Cuando desees elevar una llama de paz viva en la Tierra, deberás ser capaz de defender esa paz con la espada viva de la paz. Dondequiera que un hijo de Dios levanta una llama viva de la paz, las fuerzas opuestas a la paz se reúnen. El Arcángel Uriel, con sus ángeles de ministración, desean ayudar a todas las personas que busquen y tengan hambre de un amor y un entendimiento más grande para lograr una manifestación mayor en el logro de ese engrandecimiento del propósito cósmico original que constituye la verdad y la realidad.

El séptimo rayo es el rayo de la libertad de Dios a través de la justicia y la misericordia de la Ley y el chakra de la sede del alma de seis pétalos es el centro de la liberación del alma a través del ritual y la alquimia de la llama violeta. Mediante el don de la libertad, los hijos de Dios están llamados a ejercer el libre albedrío con discriminación Crística para el juicio y la acción justa en la Palabra y Obra del SEÑOR en el sendero de Cristeidad personal. El color de este rayo es el violeta amatista.

Esta gráfica muestra el color (la frecuencia) de la luz que cada uno de los chakras debería emitir cuando está purificado y equilibrado en sus factores más y menos, el yang y el yin del taichí giratorio

El Arcángel Zadquiel, Arcángel del Séptimo Rayo, nos inicia en los usos de la libertad y la justicia y misericordia de la Ley en el chakra de la sede del alma. Él es Zadquiel de la luz, sacerdote del fuego sagrado y de la Orden de Melquisedec. También patrocina a los sacerdotes y sacerdotisas del séptimo rayo e inicia los ciclos de la vida y de la libertad. Viene para acelerar esa llama violeta ante la presencia de la tiranía del mundo y los propios tiranos; ante ellos viene con esa llama violeta destellante que transmuta la muerte y los impulsos acumulados de la muerte.

Al intensificarse en los chakras el núcleo de fuego blanco del ser, este impulsa hacia adelante a los siete rayos con el brillo de su color, creando cintas de luz como sendas para las almas en todas las dimensiones y octavas a fin de que se hagan camino hacia el corazón de la Madre.

Varias escuelas de pensamiento de la Nueva Era, así como de siglos pasados han prescrito los colores correspondientes a los chakras. Los colores que se describen aquí son los que emiten los Maestros Ascendidos, tal como deberían aparecer en el cuerpo etérico purificado. Algunos clarividentes han expuesto su versión de los colores tal como los han percibido en su estado astral, no transmutado, sin haber sido purificados mediante la eliminación de la conciencia humana, de ahí la discrepancia.

Chohanes de los rayos

Siete Maestros Ascendidos sirven a la humanidad como chohanes o señores de los siete rayos. Tu alma ya está siendo instruida por estos siete maestros, por consiguiente, conocerlos de manera consciente te ayudará a entrar en contacto con ellos exteriormente de manera que puedan dirigir el camino hacia tu maestría individual. Puesto que todos debemos servir a la humanidad y dominar el yo en uno de los siete rayos, nuestro primer Gurú

—después del Ser Crístico, que es el verdadero instructor de todo hombre y toda mujer— es el chohán del rayo en el que servimos.

Las enseñanzas de los señores de los siete rayos y los Maestros Ascendidos forman la base de un sendero místico mediante el cual entramos en contacto con la luz interior, que es la llama trina de nuestro corazón. Todos los rayos, aunque sirvamos en uno en particular, deben estar en equilibrio dentro de nosotros. Si alcanzamos la excelencia solo con una nota, no logramos tener la armonía de las siete notas.

El Morya es el Señor del Primer Rayo. Este maestro es muy franco y serio. Te amará con un fuego intensísimo, un amor intensísimo, un amor que no deja que te escabullas de nada. Si rechazas a los maestros, ellos harán una reverencia, te ofrecerán la sonrisa más hermosa y se marcharán, porque no quieren interferir en tu vida. Sin embargo, si tú quieres de verdad a un maestro maravilloso que te lleve a donde quieres llegar, merecerá la pena que te quedes con El Morya. Él viene a nosotros como un emisario de la voluntad de Dios. Viene a nosotros como Gurú, instructor de antaño, como un amigo y un padre.

El Morya

Si deseas trabajar con El Morya, puedes trabajar con los siguientes cristales:

El diamante es una piedra iniciática. Cuando oigas hablar de la mente de brillo diamantino de Dios y el corazón diamantino de El Morya, ello implica la unión total con la voluntad de Dios y, por tanto, con el poder de Dios.

El lapislázuli es una piedra muy importante para la fortaleza. Los sumerios creían que el portador de un amuleto de tal piedra tenía con él la presencia de un dios.

El zafiro produce un deseo de rezar, trae paz y felicidad, un sentimiento de calma y produce la percepción de reinos cósmicos. Esta piedra es el foco de la estrella de tu cuerpo causal y es indispensable para los que sirven con el Arcángel Miguel. Tiene los rayos cósmicos de la Estrella Divina, Sirio.

Señor Lanto

El Señor del Segundo Rayo es el Señor Lanto. Este maestro es un instructor severo y un amante de tu alma. Lanto te incita a que tengas éxito, a que te esfuerces y comprendas la gran multiplicación del Dharmakaya, el gran cuerpo causal alrededor de tu Presencia YO SOY. Lanto está aquí para volver a producir todo lo bueno que tuvo el logro conseguido en las ciencias espirituales y físicas de Lemuria y la Atlántida, así como de las antiguas civilizaciones anteriores a estas. Lanto está aquí para devolverte el conocimiento práctico que debes tener para producir una era dorada en todos los ámbitos del servicio.

Para atraer la luz del Señor Lanto puedes trabajar con el diamante amarillo, el zafiro amarillo, el topacio y el cuarzo citrino. Cada una de estas piedras tiene la propiedad y la capacidad de contener el rayo de la sabiduría y darte la capacidad de sintonizarte con los maestros que sirven en ese rayo y desarrollar tu chakra de la coronilla.

Pablo el Veneciano es el Señor del Tercer Rayo. A él le interesa el desarrollo de la llama del amor divino, que es la llama del Espíritu Santo. Este maestro es el gran artista, lleno de creatividad y belleza, que esculpe nuestra alma. Es el artista que nos da la capacidad de recrearnos a nosotros mismos a imagen de nuestro Santo Ser Crístico.

El amor afecta a cada ámbito de la vida. El amor es el cumplimiento de toda la ley. Los doce pétalos del chakra del tercer rayo denotan las doce puertas del templo, los doce signos del zodíaco, los doce senderos para realizar a Dios: siete rayos principales y cinco rayos secretos.

¿Cuál es la fuerza opuesta al amor que nos impide avanzar en nuestro sendero? La falta de perdón, el no dar, la intolerancia, el enjuiciamiento de los demás. Alrededor de nuestro chakra del corazón tenemos una acumulación de temor, ansiedad, dudas y registros de muerte. Si damos y amamos de forma magnánima, dando libremente sin esperar que alguien nos alabe por ello o que a cambio haga algo por nosotros, si podemos ser el horno ardiente de amor divino y dar, dar y dar, descubriremos que cuando nos vaciamos, Dios nos llena. Por tanto, el amor divino es la base de nuestro sendero; y lo estudiamos con Pablo el Veneciano y la Diosa de la Libertad, cuyo retiro es el Templo del Sol, ubicado en el reino etérico sobre Manhattan.

Pablo el Veneciano

Para el desarrollo del chakra del corazón, Pablo el Veneciano utiliza el rubí, el granate, el cuarzo rosa, el berilo rosa y también el diamante, puesto que todos los maestros usan el diamante.

El Señor del Cuarto Rayo es Serapis Bey, que viene a establecer el propósito original de fuego blanco del ser, el diseño original y la arquitectura de la vida. Quienes tienen su actividad en cualquiera de los campos de la ciencia, en el filo donde se hacen los diseños, la planificación y los arquetipos, trabajan con Serapis con una disciplina matemática. Esta disciplina de la Madre Divina la necesitamos en nosotros porque sin ella no podemos crear.

Serapis Bey

Serapis Bey utiliza el diamante, la perla, la circonita y el cristal de cuarzo, todos ellos como focos de la Madre Divina con la gran disciplina del fuego sagrado y la elevación de ese fuego sagrado en el templo. La aguamarina también se utiliza en el cuarto rayo.

Hilarión

El Chohán del Quinto Rayo es el Señor Hilarión, que viene con la luz y la visión del Ojo Omnividente de Dios. Hilarión viene a encender el chakra sobre nuestra frente con la visión de los maestros del quinto rayo; viene a vivificar con la prueba que es la verdad. Ver a Dios y vivir como Dios es el cumplimiento de la promesa del Logos.

Las piedras utilizadas para el quinto rayo son principalmente la esmeralda y el jade. Esta última produce un enorme sentimiento de calma y está relacionada con la sanación; puede ser verde, violeta o amarilla o tener una variedad de otros colores. El diamante también se utiliza junto con el cristal de cuarzo. La esmeralda da abundancia y la vida abundante.

La Maestra Ascendida Nada es Señor del Sexto Rayo. Nada

Nada

ascendió hace 2700 años y durante muchos siglos fue defensora de los hijos de la luz que los ángeles caídos habían maltratado. Ella es la defensora de la causa de la Mujer y su progenie y viene como defensora de nuestra causa ante el tribunal de justicia, ante los Señores del Karma. Nada viene como una «Diosa del Amor», si queremos, como un ser de luz que se interpone entre nosotros y nuestros opresores. Nada defiende el alma de los hijos de Dios portadores del rayo masculino, pues el alma es el potencial femenino del hombre, la mujer y el niño.

Nada utiliza piedras preciosas como el topacio, el rubí, la alejandrita y el diamante con la perla. Cada una de estas piedras concentran la cualidad del sexto rayo, el rayo de la ministración y el servicio, que tiene las cualidades de la era de Piscis y de Jesucristo.

El Chohán del Séptimo Rayo y jerarca de la era de Acuario es Saint Germain, quien guarda la llama de la Madre Libertad y viene a unir nuestro corazón al suyo mientras ofrece la chispa divina y una corriente de luz para el aumento y equilibrio de quienes llevan con honor y reverencia la llama trina de la libertad Crística en su corazón. Si existe alguien en el cosmos —y en este hogar planetario— que pueda enderezar las cosas para ti, tu familia, tus hijos y todo lo que gire en torno a ti, ese es Saint Germain.

Saint Germain

Las piedras preciosas de Saint Germain son el diamante, la amatista y la aguamarina, que es el equivalente femenino de la amatista.

Retiros etéricos

Los siete chohanes y muchos otros Maestros Ascendidos, Arcángeles y los Elohim tienen retiros en el plano etérico, un plano vibratorio superior de existencia en la Tierra. Estos retiros están establecidos por todo el mundo, y muchos son antiquísimos.

Nuestra alma recibe instrucción y guía en los retiros etéricos y las universidades de luz mientras nuestro cuerpo duerme, y también entre encarnaciones. Algunas almas pueden entrar en contacto con estos centros de luz y paz en sus meditaciones. Tú también puedes meditar y rezar todas las noches para que te

Thomas Cole, *El viaje de la vida: juventud (detalle)*, 1842

lleven a los retiros de estos siete instructores del alma, pidiendo en oración a cada chohán según sea el rayo del día siguiente emitido en el planeta cada día, a la medianoche (hora correspondiente al lugar donde te encuentres), desde el corazón de Dios a través del sol espiritual de este sistema solar.

Cada día, antes de acostarte, haz el siguiente llamado, adaptándolo al día de la semana en cuestión. Por ejemplo, el domingo por la noche debes decir:

> En el nombre del Cristo, mi Yo Real, llamo al corazón de la Presencia YO SOY y al ángel de la Presencia para que lleve a mi alma al retiro de Pablo el Veneciano, en el sur de Francia. Pido recibir la instrucción sobre la ley del amor y recibir la fórmula para la victoria del amor en mi corazón. Y pido poder recibir en mi conciencia exterior toda la información necesaria para que pueda cumplir mi plan divino, así como sea necesario. Doy las gracias y acepto esto hecho con todo el poder del Cristo resucitado.

A fin de prepararte para el primer rayo, que desciende el martes, el lunes por la noche puedes hacer el llamado para que te lleven al retiro de El Morya en Darjeeling, el Templo de la Voluntad de Dios, para que te llenen los cuatro cuerpos inferiores con la voluntad de Dios y el diseño original para el cumplimiento de esa voluntad.

El martes por la noche pedirás que te lleven al retiro de Hilarión, sobre la isla de Creta, para que te enseñen el camino de la verdad, las revelaciones de la verdad y las verdaderas revelaciones de Jesucristo para la era, todo ello con el apóstol Pablo, el Maestro Ascendido Hilarión.

El miércoles por la noche deberás hacer el llamado para que te lleven al retiro de Jesús en Arabia, donde Nada te instruirá acerca de la maestría de las emociones para que el flujo de la paz y el afianzamiento de la llama del Príncipe de la Paz se dirija a toda la humanidad.

El jueves por la noche pedirás que te lleven al templo de Lúxor, para unirte a los candidatos a la ascensión que escuchan las palabras de Serapis Bey y aprenden cosas sobre el Redentor que vive en la llama del corazón.

El viernes por la noche llamarás para que te lleven a la Cueva de los Símbolos, retiro de Saint Germain en el continente norteamericano, a fin de que te saturen con la llama violeta que está concentrada allá y para que puedas empezar a dominar el ritual del átomo para la era de Acuario.

El sábado por la noche, asegúrate de meditar en el Grand Teton al pedir que te lleven al Retiro Royal Teton para aprender el camino de la sabiduría y las lecciones de la acción iluminada para la precipitación de la conciencia Crística con el Señor Lanto.

Los cuatro cuerpos inferiores

El cuerpo o «envoltura» etérica es el vehículo que tiene el alma para viajar por los planos de la Materia y el medio por el cual logra acceder a los retiros de la Gran Hermandad Blanca, que se encuentran en el plano etérico. Esta funda etérica es conocida también como el cuerpo de fuego y corresponde al mundo ígneo, que es el plano vibratorio más elevado de la Materia y, como tal, es la puerta por la que pasa el alma hacia las octavas superiores del Espíritu. Este cuerpo contiene el diseño original espiritual de la corriente de vida, la identidad del alma, así como el patrón de los otros tres cuerpos, los cuales sirven como instrumentos para la experiencia mental/emocional del alma manifestada en el entorno físico, donde las leyes de la física y la química son el mejor maestro de la humanidad sobre su condición kármica.

Al cuerpo etérico, junto con el mental, el emocional y el físico, los llamamos los cuatro cuerpos inferiores, que rodean al alma y son sus vehículos de expresión en el mundo material de la forma, en comparación con los tres cuerpos superiores, que son para la expresión del alma en el mundo sin forma: el Santo Ser Crístico o conciencia superior; el cuerpo causal, que consiste de siete esferas solares concéntricas exteriores y cinco interiores alrededor del centro ígneo sagrado, el Sanctasanctórum; y la Presencia YO SOY, Mónada Divina.

Sin los cuatro cuerpos inferiores como las cuatro columnas de nuestro templo no podríamos tener ninguna actividad aquí abajo como una personalidad integrada en Dios. El cuerpo etérico nos da la memoria y contiene los registros de todas nuestras existencias en el universo de la Materia. El cuerpo mental nos da la capacidad de pensar y la razón, así como la continuidad de los procesos de pensamiento a través de la computadora de la mente y el intelecto. A través del cuerpo de los deseos expresamos nuestro libre albedrío y la fuerza de nuestros deseos. Y a través del cuerpo físico logramos la acción y la expresión física.

Estos cuatro cuerpos inferiores actúan como uno solo. Son el recipiente para la integración de nuestra alma en Dios. Por su gracia podemos extraer la luz de nuestra Presencia YO SOY a través de este recipiente que Dios nos ha dado y podemos prepararnos para ser el templo del Cristo interior y el Buda interior a fin de que nuestra alma pueda unirse a la Realidad interior y caminar por la Tierra como el Ungido. Es importante que sellemos y sanemos nuestros cuatro cuerpos inferiores, pues en este planeta estamos sujetos a muchas circunstancias dañinas. Esto lo podemos hacer con los mantras de la llama violeta y los llamados al Arcángel Miguel.

Tal como nosotros poseemos campos energéticos, al vibrar cada uno de ellos en su propia dimensión, el planeta también los posee. Nuestros cuatro cuerpos inferiores son un microcosmos del macrocosmos planetario. Los cuatro planos de existencia del planeta son el etérico, el mental, el emocional y el físico. Ya has aprendido algo sobre el plano etérico, donde se encuentran los retiros de los Maestros Ascendidos. El plano etérico inferior está contaminado con los patrones kármicos de la Tierra. El plano mental corresponde a la mente y el proceso del pensamiento. El plano astral corresponde a las emociones, los deseos y el subconsciente. Finalmente, el físico es simplemente lo que el nombre indica, el planeta y el plano físicos, lo cual incluye el inconsciente colectivo.

Karma y reencarnación

¿Qué gobierna nuestra experiencia en estos cuatro planos de existencia? Nosotros. A través de la ley cósmica del karma, creamos el mundo que nos rodea a través de vidas de decisiones, acciones y repercusiones.

Esto no quiere decir que cada evento de nuestra vida esté predestinado a ser algo determinado. Mientras que el karma es la ley del círculo que nos devuelve a cada cual exactamente lo que hayamos producido, el control del karma se establece de la mejor forma mediante una conciencia sobre las mejores posibilidades disponibles en cada grupo de circunstancias.

Si queremos avanzar con el universo y cumplir nuestra razón de ser en la Tierra, graduarnos de esta escuela de la vida y trascender los ciclos de las estrellas, tendremos que cargar con nuestras responsabilidades kármicas y pagar las deudas que tengamos con la vida.

Nos encontramos en el estado en el que nos encontramos en la Tierra porque hemos descendido a la relatividad y el karma, causas y efectos que nosotros hemos puesto en movimiento. El karma es ciertamente una fuerza inexorable e inamovible. Es una ley tan perfecta, tan justa, tan llena de amor que nos enseña mediante lo que cosechamos aquello que estamos sembrando y nos muestra cómo transmutar esas causas.

El karma es algo de lo que no podemos escapar, pero supone un desafío y una alegría. Nos despertamos con una determinación Divina para aniquilar al «morador del umbral» de nuestro karma. Nos regocijamos en que Dios nos haya dado la oportunidad de encontrarnos con nuestro destino, un destino que nosotros hemos forjado para bien o para mal, como el Bien Absoluto o como el bien y el mal relativos.

Lo que hace que este desafío sea tan maravilloso, algo de lo que podemos disfrutar, es la victoria del día a día que obtenemos, la maestría sobre el yo. Y vemos que, a través del karma personal o planetario, Dios nos muestra un camino de maestría sobre nosotros mismos; y logramos independencia y creatividad. Debemos ser ingeniosos para ver cómo atravesaremos ese aro de fuego o cómo caminaremos sobre las ascuas del odio y la condenación del mundo; cómo lograremos salir del laberinto del plano astral cuando sabemos que, al otro lado, ante nosotros, esperándonos, está el amado Novio, el Cristo eterno, amado de nuestra alma; y nuestra llama gemela.

Llamas gemelas

Todo este cosmos Espíritu-Materia tiene un Gran Sol Central como nuestro punto de origen. Hemos sido concebidos por Dios en libertad, como Alfa y Omega, el yin y el yang, lo masculino y femenino.

Nuestro cuerpo causal es una réplica del Gran Sol Central. Cuando fuimos creados, el Todo Divino de la Presencia YO SOY se separó en dos, formando esferas gemelas, dos cuerpos causales, dos chispas espirituales, llamas gemelas que descienden con el fin de evolucionar en el cosmos de la Materia tal como ya evolucionaron en el del Espíritu. Y así, cada uno de nosotros tiene un alma equivalente, una llama gemela.

Emprendimos camino para ser la manifestación de nuestro Dios Padre-Madre, hijos e hijas que pudieran revestirse más y más de esas esferas de luz, a lo cual llamamos conciencia Divina. En esa conciencia Divina vivimos, nos movemos y tenemos nuestro ser.

Sin embargo, ahora nos rodean velos de ilusión. Estamos separados por el tiempo

y el espacio, pero nuestro Yo verdadero no lo está. Tan seguro como que estamos aquí, seguimos estando en el Gran Sol Central. Nos encontramos en el principio y el fin. No tenemos que llegar a ninguna parte; tenemos que saber quién somos ahora. Este concepto inmaculado absoluto de nuestra identidad es la base de toda búsqueda y actividad.

Si no comprendes que eres el Santo Grial, el cáliz de la luz de Dios ahora, nunca encontrarás el Santo Grial. No puedes hallar lo que no tienes en ti mismo. Por eso es seguro que encontrarás a tu llama gemela, porque tu llama gemela está dentro de ti, en ese gran cuerpo causal de luz, en la figura media de la Gráfica que es tu Santo Ser Crístico. En cada latido del corazón está presente la otra mitad del Todo Divino.

Por tanto, la búsqueda del amor nunca debe considerarse como una camino de aflicción. Nunca debes pensar en ti mismo como alguien apesadumbrado, cargado, con problemas, sino como una chispa espiritual que ha descendido a este cosmos de la Materia con el compañero eterno, que está en alguna parte trabajando tanto como tú deberías estarlo para lograr la victoria conjunta.

¿Y cuál es el propósito de buscar y encontrar a la llama gemela? Las dos mitades se necesitan mutuamente. Los cuerpos causales deben estar presentes. Debe existir una consonancia y una armonía divina a fin de que cumplamos nuestra razón de ser, sea cual sea. El intercambio divino de esa luz entre los cuerpos causales de arriba nos da la capacidad aquí abajo de hacer lo que debemos hacer (tanto si nos conocemos, si nos han presentado, como si estamos en lados opuestos del mundo).

Algunos de nosotros tenemos a nuestra llama gemela ascendida, después de que decidiera abandonar las octavas de la morada de su equivalente para realizar el ritual de la ascensión con el propósito de tener la cantidad máxima de luz para atraer a su llama gemela hacia arriba en la escala evolutiva y también anhelar, buscar, conocer y encontrarla en los planos superiores del Ser.

Si tu llama gemela está ascendida, pudiera estar acompañándote, vivificando y abriendo el camino y guiándote hacia la montaña más alta de oportunidad. Entonces, para ti el sendero de las llamas gemelas sería verdaderamente una integración, como Arriba, así abajo, pues tus cuatro cuerpos inferiores sirven como punto de anclaje del logro de tu alma y del descenso final a las octavas de la tierra de tu otra mitad, que ha ido antes que tú a guardar la llama en el cielo mientras tú la guardas en la tierra.

En el caso de algunos de nosotros, nuestra llama gemela está a nuestro lado y tenemos la oportunidad en esta vida de conocerla de manera física, cara a cara. Estas uniones pueden ser una dicha divina, pero a veces también pueden suponer un karma intenso, porque desde nuestra perfecta unión en el principio han pasado muchas vidas y muchos errores no resueltos que separan a nuestros yoes conscientes de nuestra realidad divina.

Karma entre llamas gemelas

Cuando el karma del pasado y las injusticias mutuas practicadas inevitablemente en el pasado surgen entre nosotros, no dejes que destruyan la belleza y la unión del amor. Porque cuando las llamas gemelas conservan un karma antiguo, la proximidad puede convertirse incluso en desprecio, en un sentimiento de injusticia, un sentimiento de «¿cómo has podido hacerme estas cosas a mí?».

Con el dolor de la divergencia, la ira o la discusión, en el momento de la separación que produce la discordia, así como la destrucción del patrón filigrana de la renovación de este antiguo lazo, debes reconocer el valor de la unión en el núcleo de fuego blanco del ser independientemente de todas las manifestaciones exteriores.

Las llamas gemelas deben observar una santidad y una misericordia mutuas. Con frecuencia sus defectos son parecidos, por consiguiente, mutuamente molestos. Si tienes la buena fortuna de encontrar a tu llama gemela en esta vida, conviene que recuerdes que los ángeles del fuego sagrado han trabajado durante siglos para reunirlos. Por tanto, protege la unión, protege la armonía.

Almas compañeras

Algunos de nosotros tenemos relaciones como almas compañeras o uniones kármicas. Estas también pueden estar llenas de dicha y de fastidio, pues conocemos a nuestras almas compañeras desde hace vidas. Ellas han sido amigas de antaño, amantes, parientes, madres y padres.

La relación entre almas compañeras es distinta a la que existe entre llamas gemelas. Un alma compañera es una persona con la que probablemente has trabajado durante muchos siglos en la misma misión o iniciación de los chakras; algún sendero paralelo para el desarrollo del alma. Aunque exista una gran atracción y un lazo entre las almas compañeras, fundamentalmente, al final uno podría definir la relación como una entre hermanos, aunque las almas compañeras disfruten de una matrimonios maravillosos y tengan una gran unión del corazón. Hay un sentimiento que dice: «Somos compañeros, somos peregrinos del Sendero y lo que hacemos lo debemos hacer juntos».

Es posible que se unan durante muchas vidas y que entre ustedes exista un gran lazo. Pero si meditas en ello, sabrás que esa relación no es tan elevada ni es tan profunda como la que uno tiene con la persona que es tu equivalente, la llama gemela que has conocido como tu otro yo desde el primer momento en que fuiste creado en el Gran Sol Central.

Solo tienes una llama gemela, pero puedes tener muchos hermanos y hermanas en varios puntos con quienes estés trabajando. Digamos que en esta vida has querido y te han asignado que domines el campo de la música. Probablemente te reúnas con muchos músicos y encuentres a alguien que te parezca un compañero tanto de trabajo como en la vida con quien puedes compartir no solo tu amor por la armonía, sino una verdadera comunión a nivel del alma en una longitud de onda y un chakra correspondiente a uno de los siete rayos.

Un amor más grande

En todos los casos y con respecto a todas las partes de la vida, es bueno comportarse con amabilidad, respeto y honor. Porque el amor que uno le da al niño o al amigo, al maestro o al empleador, al compañero o la compañera en su vida, ese amor siempre termina ascendiendo al corazón de la llama gemela.

Por tanto, podemos buscar y encontrar al Amado o la Amada de la luz en cada expresión de amor, en cada servicio prestado, en cada perdón ofrecido. El lazo del corazón nunca se rompe.

Sin embargo, esto también significa que cuando te hundes en la tristeza y la negación, el desmerecimiento e incluso la condenación, aquel a quien más amas es aquel a quien más hieres; porque la llama gemela, incluso cuando está ascendida, carga con todo eso. La consideración y la atención es lo que le permite a uno tratar a toda la vida con ternura, sin jamás abortar los ciclos en ningún sitio y ninguna octava, sino dando a Dios y a todos sabiendo que uno está dando a su Amado o su Amada.

Si tú fueras el primero en lograr la victoria de luz en tu corazón, esa victoria siempre contará para tu llama gemela. Y cuando tu llama gemela está preparada, todo el impulso acumulado de tu victoria servirá para catapultarla a ella, casi en un abrir y cerrar de ojos, hacia nuevos planos de conciencia.

3

La ciencia de la Palabra hablada

Los místicos han sabido durante miles de años que en el sonido está la clave de la creación del universo. La oración y el mantra pueden crear cambios espirituales y materiales en nuestra vida. Cuando se dice en voz alta, la oración puede desatar la energía dinámica del Espíritu.

Juan escribió: «En el principio era el Verbo [la Palabra], y el Verbo era con Dios, y el Verbo era Dios».[1]

En los antiguos Vedas hindús dice: «En el principio era Brahmán con quien estaba la Palabra, y la Palabra es Brahmán».[2]

La esencia de la religión en Oriente y Occidente es la Palabra.

Jesús demostró su gran maestría sobre la ciencia de la Palabra hablada al ordenar que se sanasen los enfermos, que los elementos se aquietaran, que los espíritus inmundos salieran e incluso que los muertos resucitaran. Transformó el agua en vino, multiplicó los panes y los peces para dar de comer a miles de personas y caminó sobre las aguas. Todo ello mediante el poder de la Palabra.

La oración hablada es la esencia de toda verdadera religión. Cristianos, judíos, musulmanes, hindús, budistas y otros ofrecen devociones en forma de oraciones diarias, recitaciones de escrituras sagradas y mantras dedicados a la Deidad. Entre ellas tenemos el Padrenuestro, el Ave María, la Shemá y la Amidá, la Shahadah, el Gayatri y el Sutra del Corazón. Sin embargo, hoy, aunque sobrevivan estas tradiciones, su práctica es inadecuada para contrarrestar el creciente desorden y la desintegración de nuestra civilización.

La respuesta es la ciencia de la Palabra hablada. Esta ciencia es el don que nos da la Madre Divina para que nos sanemos a nosotros y a nuestro planeta. Cuando se aplica a la recitación de decretos dinámicos, la ciencia de la Palabra hablada infunde en todas las religiones el fuego sagrado de la era de Acuario de 2000 años.

Los decretos dinámicos suponen una aceleración con respecto a las formas de oración de Oriente y Occidente. Son la clave que todo peregrino sobre el sendero hacia la reunión con Dios necesita para afrontar los desafíos que se avecinan de karma personal y planetario, desafíos que todos debemos enfrentar antes de poder emprender el camino superior de Acuario.

El poder de los decretos

El decreto, tal como lo usamos, es la más poderosa de las peticiones a la Divinidad. Es una orden del hijo o la hija de Dios, pronunciada en el nombre de la poderosa Presencia YO SOY y el Santo Ser Crístico, para que descienda la luz desde el mundo del Espíritu al de la Materia. El decreto es el medio por el cual el reino de Dios se convierte en una realidad, aquí y ahora, a través del poder de la Palabra hablada.

Los decretos son manifestaciones sintetizadas de la llama del corazón de cada persona que decreta, y atraen y concentran el poder de la Palabra hablada, la visualización de la mente Crística y el ritmo del latido divino. Cuando decretes, estarás emitiendo hacia el espacio una energía divinamente cualificada y cargada, gracias a tu invocación, con el poder de los Maestros Ascendidos, que irá a realizar su obra perfecta para amplificar el poder de la luz en todo el planeta.

En la era de Acuario y la dispensación de Saint Germain, mediante la ciencia de la Palabra hablada, al hacer los decretos dinámicos en el nombre del Cristo, en el nombre de todo el Espíritu de la Gran Hermandad Blanca o de cualquier Maestro

Ascendido, decretamos con la magnitud total de su logro sellado en su cuerpo causal de luz.

Cuando decretamos en el nombre de Saint Germain, de forma instantánea nos apoya en nuestro llamado todo el poder que el Maestro Ascendido Saint Germain ha cualificado durante miles de años. Su corazón púrpura de fuego multiplica el poder de nuestro corazón, y es como si Saint Germain y nosotros fuéramos uno solo.

Podemos acceder a la luz de nuestro Dios mediante nuestras devociones, nuestro servicio y el ejercicio de la ciencia de la Palabra hablada a través de afirmaciones YO SOY, mantras, oraciones y decretos. Esta luz también ha sido individualizada y cualificada con ciertas virtudes, poderes y logros por parte de los santos y los Maestros Ascendidos a través de *sus* devociones, *su* servicio y *su* ejercicio de la ciencia de la Palabra hablada. Esta ofrenda colectiva que dan a los devotos de la Tierra es accesible para quienes llamen a estos amigos celestiales por su nombre, implorando su intercesión a través de la poderosa Presencia YO SOY.

Las palabras son cálices y en esos cálices vertemos nuestra luz y nuestro amor. Al nombrar las condiciones del mundo y al utilizar las palabras del mantra o fíat como cálices de luz sobre la cinta transportadora de la mente, derramamos nuestra maestría y nuestra autoridad sobre esas condiciones del mundo.

Decretar no consiste tan solo en abrir la boca y empezar a pronunciar los decretos mientras miramos alrededor y pensamos en cosas de todo tipo, permitiendo una vibración de ansiedad. Hay que centrarse. Hay que estar en el corazón. Hay que comprender que esto es un trabajo del Maestro Alquimista. Uno no puede esperar que la Gran Ley de la Vida responda a una invocación que contenga ansiedad o a una matriz de decretos cargada de temor y dudas.

Dios es el que decreta, el decreto y la respuesta al decreto, y nosotros somos los instrumentos. Somos la flauta de Krishna. Presentémonos como instrumentos del Todopoderoso para que fluya la luz divina de Dios.

Cuando decretas, tus llamados salen, atraviesan todo el cosmos de la Materia y como consecuencia muchos mundos se purifican, porque la ciencia de la Palabra hablada es el poder supremo que puede manifestarse en este nivel de evolución nuestro para la victoria de los mundos.

La llama violeta

La llama violeta es un don que nos da Saint Germain. Es la llama de la alquimia y del fuego sagrado. Es la llama de la libertad. Es el poder, la sabiduría y el amor para transformar lo que deba transformarse y sellar, como una creación, aquello que deba sellarse. La elección diaria de un pueblo libre de ser o no ser es la decisión de consignar a esa llama de la libertad aquello que no debería ser y la decisión de ratificar con esa llama lo que debería continuar para toda la eternidad.

Puede que digas: «Pero esto es el poder de Dios». Así es, es el poder de Dios, pero Dios es el fuego que tienes en tu interior. Por tanto, Dios, al ejercer las energías de Brahma, Vishnú y Shiva, es el fuego de la libertad que crea, preserva y destruye; las continuas ondulaciones del fuego de la creación que emiten las energías de la creación, que las sostienen con el poder de la Palabra hablada y que vuelven a utilizar esa Palabra para retirar las energías de la creación que se han utilizado erróneamente. Por tanto, el cumplimiento del amor es la libertad de crear o de destruir, de preservar o de no preservar. En nuestras manos, ese don de libertad es un fuego, un fuego vivo.

La llama violeta, alrededor de ti y atravesándote, transmutará el trabajo pesado. Verás cómo tu trabajo diario se aligera. El ritual de la llama violeta produce una recreación continua cuando fluye desde todos tus chakras, todo tu ser y todas tus células, al bajar desde tu poderosa Presencia YO SOY aligerando tus cargas y las de la humanidad.

Cuando estás saturado de llama violeta, es imposible que no tengas alegría, felicidad, victoria, el sentimiento de que nada, ninguna persona, lugar o circunstancia puede quitarte la victoria, el propósito, el que cumplas tus votos y todas las cosas que Dios desea para ti y que tú puedes desear con legitimidad.

La llama violeta es conocida como la llama cantarina porque canta la melodía de la nota clave del átomo. Sea cual sea la sustancia (un árbol, una flor, las montañas, el templo corporal, el alma), cada átomo y molécula de Espíritu y Materia tiene su vibración, su nota clave. Y cuando la llama violeta toca esa partícula, de forma automática canta la nota de esa sustancia, y esa sustancia se amolda a su diseño original interior, muchas melodías el día entero.

Al utilizar la llama violeta, puedes ser un alquimista perpetuo y dejar que la alquimia perpetua de Dios se manifieste a través de ti para todo lo que tiene vida. La alquimia de la llama violeta es una alquimia sanadora. Es un complemento de la forma de pensamiento curativa y del rayo esmeralda. La llama violeta persigue los cismas que causan los problemas psicológicos, que tienen su origen en la tierna infancia y en encarnaciones anteriores y que han hecho profundos surcos en la conciencia, por lo cual han sido difíciles de erradicar vida tras vida.

La llama violeta es una llama considerada; es una llama llena de amor; es una llama agradecida; es una llama que posee su propio impulso acumulado de sustancia inteligente y autoluminosa y que contiene y abarca el conocimiento de la alquimia. Puede resultar difícil entender cómo una llama pueda tener conciencia, pero recuerda que la llama es la manifestación del Logos divino, de Dios. La llama es la manifestación de todos los que la han servido, tal como un mantra encarna el impulso acumulado de todos los que lo han pronunciado.

Cuando parece que no quedan más esperanzas, la llama violeta es la solución alquímica. Cuando la invoques, la llama podrá limpiar la mente de la gente, podrá hacer que muchas personas reciban el discernimiento de espíritu para saber quiénes son los ángeles caídos, quienes son la progenie del malvado en altos puestos que manipulan la economía, las monedas internacionales, los sistemas educativos, los pueblos de la Tierra y a los niños.

Decretos de corazón, cabeza y mano

Los «Decretos de corazón, cabeza y mano», que hemos recibido del Maestro Ascendido El Morya, son mantras de llama violeta que corresponden a cada uno de los chakras y al sendero Crístico y Búdico. Como chohán del rayo de la voluntad de Dios, Morya nos ha dado el medio de lograr un rápido afianzamiento diario con los pasos del sendero místico de la ascensión.

Varios de estos mantras están expresados como afirmaciones «YO SOY». A partir del encuentro de Moisés con la zarza que ardía, sabemos que YO SOY EL QUE YO SOY es el nombre de Dios.[3]

Cuando afirmamos «YO SOY» estamos diciendo que «Dios en mí es» o que «Dios en mí es la acción de...». Lo que vaya después de eso, ya sea algo que digamos, una oración, un mantra o un decreto, se autorrealiza, porque es el poder del nombre de Dios y su estado del Ser lo que produce la transformación creativa en nuestra vida.

El primer mantra, conectado con el chakra del corazón, invita a que la llama violeta entre en el corazón, donde a menudo tenemos una ausencia de perdón, así como tensiones, dudas y temores. El propio trauma de la existencia moderna puede producir una carga sobre el corazón. Cuando el corazón se purifica, puede ser un cáliz para el Yo Real.

Corazón
¡Fuego violeta, divino amor,
arde en este, mi corazón!
Misericordia verdadera tú eres
 siempre,
mantenme en armonía contigo
 eternamente.

Ahora, conectándonos con el chakra de la coronilla, pedimos que la llama violeta destelle en la zona de la cabeza desde la base del cuello, al desear que pase por la mente para limpiar los desechos de todos los conceptos que nos están fundamentados en la Realidad divina.

Cabeza
YO SOY luz, tú, Cristo en mí,
libera mi mente ahora y por siempre;
fuego violeta brilla aquí,
en lo profundo de esta, mi mente.

Dios que me das el pan de cada día,
con fuego violeta mi cabeza llena.
Que tu bello resplandor celestial
haga de mi mente una mente de Luz.

En los pies y las manos tenemos los chakras de los rayos secretos. Las manos son símbolo de Dios en acción como Espíritu Santo. Todo lo que toquemos con nuestras manos podrá ser bendecido por la acción del Espíritu Santo de la llama violeta.

Mano
YO SOY la mano de Dios en acción,
logrando la victoria cada día;
para mi alma pura es una gran
 satisfacción
seguir el sendero de la Vía Media.

El siguiente mantra, el Tubo de Luz, nos conecta con la cámara secreta del corazón. El Tubo de Luz es tu vestidura sin costuras que desciende para rodearte como una cascada de luz, formando una armadura de protección que te sella contra la conciencia de las masas y las energías del mundo. Al hacer este decreto, debes verte como la figura inferior de la Gráfica de tu Yo divino, de pie dentro de la llama violeta y sellado en el tubo de luz.

Tubo de luz

Amada y radiante Presencia YO SOY,
séllame ahora en tu tubo de luz
de llama brillante maestra ascendida
ahora invocada en el nombre de Dios.
Que mantenga libre mi templo aquí
de toda discordia enviada a mí.

YO SOY quien invoca el fuego violeta,
para que arda y transmute todo deseo,
persistiendo en nombre de la libertad
hasta que yo me una a la llama violeta.

Después viene el mantra del perdón, que corresponde al chakra de la sede del alma. El perdón es el primer paso en el sendero espiritual; es el principio de la solución a todos los problemas, personales y planetarios. Al hacer este decreto, debes ver la energía violeta-morada-rosa salir de ti para bendecir a toda la humanidad, a todos aquellos con quienes tengas karma, todo aquellos con quien tú hayas sido injusto y todos quienes hayan sido injustos contigo. No te olvides de perdonarte a ti mismo.

Perdón

> YO SOY el perdón aquí actuando,
> desechando las dudas y los temores,
> la victoria cósmica despliega sus alas
> liberando por siempre a todos los hombres.
>
> YO SOY quien invoca con pleno poder
> en todo momento la ley del perdón;
> a toda la vida y en todo lugar
> inundo con la gracia del perdón.

Ahora viene el mantra de la provisión y del chakra del tercer ojo. Toda la abundancia, tanto espiritual como material, proviene en última instancia de Dios, la Presencia de Dios. Nosotros estamos destinados a tener el suministro que necesitamos para cumplir nuestro plan divino y ayudar al planeta a entrar en una era de oro. Saint Germain nos enseña a visualizar la provisión como oro precipitado. Entre todos los elementos, el oro representa la luz del sol precipitada, el oro de la regla de oro, como la conciencia dorada de la mente de Cristo.

El temor y la duda bloquean el suministro. La llama violeta se utiliza para limpiar todos los bloqueos a la vida abundante en todos los niveles de nuestra conciencia, especialmente el temor. Al hacer este decreto, visualiza el verde del quinto rayo de la abundancia a todo tu alrededor mezclándose con la llama violeta, y ve cómo descienden monedas de oro a tus manos.

Provisión

Libre YO SOY de duda y temor,
desechando la miseria y la pobreza,
sabiendo que la buena provisión
proviene de los reinos celestiales.

YO SOY la mano de la fortuna de Dios
derramando sobre el mundo los tesoros de Luz,
recibiendo ahora la abundancia plena,
las necesidades de mi vida quedan satisfechas.

A continuación, tenemos el chakra de la garganta relacionado con la perfección. Para nuestra vida existe un plan divino, un diseño original interior perfecto que puedes visualizar como una gran esfera azul que desciende desde tu cuerpo causal hacia tu aura. A través de la ley de la perfección, esta esfera produce un alineamiento con el plan y el patrón divino para nuestra vida.

Este mantra para la perfección devuelve el recuerdo almacenado en el cuerpo etérico del voto que hicimos antes de encarnar, sobre la misión que vinimos a cumplir en la Tierra.

Perfection

Vida de Dirección Divina YO SOY,
enciende en mí tu luz de la Verdad.
Concentra aquí la Perfección de Dios,
líbrame de toda discordia ya.

Guárdame siempre muy bien anclado
en toda la Justicia de tu plan sagrado,
¡YO SOY la Presencia de la Perfección
viviendo en el hombre la Vida de Dios!

El mantra de la transfiguración está conectado con el chakra de la coronilla. Al hacer este decreto e invocar la luz de la transfiguración, estamos cambiando nuestra vibración, nuestra conciencia. Cada día podemos quitarnos las viejas vestiduras de irrealidad, menosprecio y condenación hacia nosotros mismos. Y cada día podemos vestirnos con la túnica, la vestidura interior, de nuestra conciencia Crística.

Transfiguración

YO SOY quien transforma todas mis prendas,
cambiando las viejas por el nuevo día;
con el sol radiante del entendimiento
por todo el camino YO SOY el que brilla.

YO SOY luz por dentro, por fuera;
YO SOY luz por todas partes.
¡Lléname, libérame, glorifícame!
¡Séllame, sáname, purifícame!
Hasta que transfigurado todos me describan:
¡YO SOY quien brilla como el Hijo,
YO SOY quien brilla como el Sol!

Después viene el mantra de la resurrección con el chakra del plexo solar. La llama de la resurrección es una combinación de la Trinidad: rosa, amarillo y azul. A medida que se va expandiendo la llama trina, la vibración va acelerándose y los tres penachos comienzan a girar. Al hacerlo, asumen un color madreperla, la luz blanca que contiene en sí todos los todos del arcoíris.

La llama de la resurrección es un poderoso complemento de la curación. Tiene la capacidad de devolver la vida a su adecuado funcionamiento, rejuveneciendo el cuerpo y resucitando el recuerdo del plan divino original.

Resurrección

> YO SOY la llama de la resurrección,
> destellando la pura luz de Dios.
> YO SOY quien eleva cada átomo ahora,
> YO SOY liberado de todas las sombras.
>
> YO SOY la luz de la Presencia Divina,
> YO SOY por siempre libre en mi vida.
> La preciosa llama de la vida eterna
> se eleva ahora hacia la victoria.

Terminamos con el mantra de la ascensión y el chakra de la base de la columna. Cada día ascendemos un poquito, a medida que parte del yo irreal es eliminado y parte del Yo Superior desciende a nuestra forma. Al hacer este mantra cada día, afirmamos la iniciación de la ascensión en nosotros y, al cabo de un tiempo, nosotros también podemos elevarnos en la corriente de la ascensión, la luz de la Madre, la llama de la Madre de la pureza.

Ascensión

YO SOY la luz de la ascensión,
fluye libre la victoria aquí,
todo lo bueno ganado al fin
por toda la eternidad.

YO SOY luz, desvanecido todo peso.
En el aire ahora me elevo;
con el pleno poder de Dios en el cielo
mi canto de alabanza a todos expreso.

¡Salve! YO SOY el Cristo viviente,
un ser de amor por siempre.
¡Ascendido ahora con el poder de Dios
YO SOY un Sol resplandeciente!

4

Cómo afrontar la oscuridad

Todos los arcángeles de reúnen en el planeta Tierra, pues este planeta es un cruce de caminos de todo un cosmos, y aquí es donde debe producirse la batalla de Armagedón. Se luchará en el mundo, y también en la psique y en el corazón del individuo. A nivel personal, esto será el encuentro con la fuerza conocida como el «morador del umbral», y todas las personas de la Tierra tendrán ese encuentro.

El enemigo interior

El «morador del umbral» es nuestro dragón personal, que nosotros mismos hemos creado a lo largo de muchas vidas. Él es la antítesis de nuestro Yo Real. El «morador del umbral» es el punto focal de la conciencia que hay detrás de toda la creación humana negativa, la mente detrás de la manifestación.

Este término ha sido adoptado por la Gran Hermandad Blanca porque transmite el significado de que esta fuerza se encuentra en el umbral de la percepción que uno tiene, donde los elementos del subconsciente cruzan la línea del inconsciente hacia el mundo consciente de la persona, donde el yo irreal desconocido se convierte en algo conocido. Cuando sale, el morador entra en el reino de la voluntad consciente donde, a través de las facultades de toma de decisiones de la mente y el corazón, el alma puede elegir «animar» o matar los componentes de esta antítesis de su Yo Real.

Es como una serpiente de mar, acechando bajo las aguas de nuestro cuerpo emocional, bajo la superficie de nuestra conciencia. Puede que percibamos que está ahí, pero hasta que no salga finalmente y se manifieste de alguna manera, no conoceremos necesariamente la definición del «morador del umbral».

El morador está listo para atravesar la puerta de la conciencia, pero en ese umbral, en la línea que separa los planos de percepción, la acción protectora de la mente Crística, los ángeles santos y el libre albedrío de uno mismo estarán ahí para evitar que el morador emerja y pase a la acción en nuestro mundo.

Por supuesto, hay personas que no se protegen y, por tanto, de repente y con ferocidad, se convierten en instrumentos de un «monstruo marino» descontrolado. Y así, cuantas más personas se trastornan psicológicamente y tienen divisiones en los cuatro cuerpos inferiores, más se vuelven aptas para manifestar aberraciones con las que el morador puede lograr entrar en su mundo a través de la palanca de la mente consciente.

Estas personas pueden padecer de esquizofrenia, pueden oír voces y llevar a cabo cualquier cosa, desde la violencia a la adicción a las drogas, al alcohol y al azúcar, crímenes y vicios de todo tipo. Una vez logrado el control de la mente consciente, el morador asume el control de la casa entera.

En nuestra sociedad se supone que la diferencia entre alguien cuerdo y alguien que no lo está sería el control o la falta de control sobre ese monstruo del lago Ness, ese «morador del umbral» que habita en los subniveles del cuerpo emocional. La persona que toma la decisión consciente de no permitir que el morador se desahogue en los altibajos de la vida está cuerda, porque es ella y no la bestia quien está al mando.

Sin embargo, hay muchas personas que están totalmente dominadas por el «morador del umbral» y al mismo tiempo están totalmente cuerdas, o así lo aparentan. Cuando uno llega a conocerlas, no piensa que lo estén, sino que se las apañan para dirigir bancos y grandes negocios y toda clase de empresas corporativas de este planeta, que se las arregla para sobrevivir, y sobrevivimos. Y a veces nos preguntamos por qué y cómo funciona todo.

La traición a la luz del Hijo de Dios por parte del yo irreal en cada uno de nosotros supone un vínculo con la fuerza planetaria del mal. El impulso acumulado planetario puede conectarse y activar al Anticristo personal para sorprender desprevenida incluso al alma más próxima a su victoria sobre la bestia. En ese momento, la persona no solo debe aniquilar al «morador del umbral», sino que al hacerlo debe hacer retroceder el impulso acumulado del planeta y vencer al Mentiroso original, así como a la mentira que el originador del mal ha propagado en su progenie.

Los orígenes del mal

¿Cómo llegó a existir esta fuerza planetaria del mal?

Desde hace mucho tiempo se cuenta la historia de aquel ser llamado Lucifer y los ángeles que cayeron con él. Algunos han cuestionado si el mal puede ser real o si es un producto de la imaginaciones de algunos hombres. Otros han querido hacer del demonio algo subjetivo y decir que el único demonio que existe es el que hay en el corazón de los hombres.

Si esto fuera cierto, ¿cómo entró en el corazón de los hombres y de dónde vino? ¿Lo creó Dios? Enfáticamente, ¡no! Sin embargo, los seres oscuros nos quieren hacer creer esta mentira.

El velo de energía al que llamamos «mal» es una invención de la mente de aquellos que se han separado del trono de Dios y de la gracia de la llama trina. Se encuentra fuera del marco de la Realidad. No puede existir simultáneamente a la Realidad. Por consiguiente, quienes se identifican con lo irreal deben estar, por fuerza, fuera del ser de Dios.

El Archiembustero, Lucifer, que una vez fue portador de una gran luz y un arcángel, comenzó a admirar al yo y a olvidar que el Yo Real es Dios. Comenzó a rendir culto y a adorar la pericia de su propia mente, de su propia capacidad.

En este estado, la ambición creció y a él le surgió el engaño del yo irreal (el engaño de hacer la obra del Creador mejor que el propio Creador). Y con lógica y argumentos, este Archiembustero fue capaz de convencer a un gran número de legiones de ángeles que su camino era el camino de justicia y que los demás miembros de la jerarquía estaban en efecto equivocados. Este episodio de la historia cósmica es conocido como la Gran Rebelión.

A esto siguió la contaminación de los mundos y se pronunció el edicto para que este Archiembustero fuera echado abajo a la tierra, y sus ángeles con él.[1] Por tanto, estas legiones de ángeles, junto con su líder, fueron arrojados a los cuadrantes de la Materia. Ya no se les permitió habitar en los planos del Espíritu, puesto que contaminaban el mundo celestial. Se enviaron al lugar de iniciación, donde se les concedió tiempo para el arrepentimiento y oportunidad para regresar al corazón de Dios.

Por tanto, se produjo la caída de Lucifer y a los cuatro planos de la Materia llegaron los caídos, a habitar el cuadrante etérico inferior, astral, mental e incluso el físico. Una parte de estos rebeldes asumió formas de carne. Por tanto, estos se vieron sujetos a la ley de la reencarnación; y llevan reencarnando en el planeta Tierra miles de años desde aquel evento.

Otros han permanecido en el plano astral, el plano del cuerpo de los deseos, y han servido como coordenadas para los de la octava física. A ese nivel astral llegó aquel ser llamado Lucifer para habitar ahí, para provocar a la humanidad a través tanto del cuadrante mental como del emocional. Pero la clave de su tentación y la de sus seguidores ha sido hasta el momento la utilización de la mente del hombre contra sí mismo.

Por consiguiente, aquello que llamamos mente carnal, ese punto de oscuridad en la humanidad, es la coordenada del Caído. Siempre que la humanidad continúe identificándose con la mente carnal, podrá ser el instrumento inconsciente de los seres oscuros. Cuando la humanidad abandona la mente carnal y regresa a la plenitud de la mente Crística, ocupa la posición como instrumento del Señor Cristo en la jerarquía de luz.

Los ángeles caídos siempre han tenido como meta mantener sometidas a todas las evoluciones y a los cuerpos planetarios que han invadido, pues quieren evitar que nos elevemos a cualquier forma de igualdad, que entremos en contacto con el poder de Dios, que aprendamos los secretos de la Gran Hermandad Blanca que ellos mismos han pervertido desde el principio con sus artes de magia negra, guerra y necromancia.

Estrategias de la oscuridad

La máscara que tienen puesta es una semejanza a la forma humana y por tanto pasan desapercibidos. Son maestros del engaño y han programado a la humanidad para que esta los apoye, para que vote por ellos, para que crea en sus filosofías y que de hecho tome parte en sus luchas de rivalidad que mantienen entre ellos. Por consiguiente, vemos a hermano contra hermano matándose mutuamente en defensa de los «ismos» y las estrategias de los ángeles caídos que no son más que rivales en un juego de ajedrez para controlar todo un planeta.

A escala global, las estrategias de los caídos son bien simples:

Dividir y vencer a los hijos de la luz mediante rivalidades de personalidad y la segmentación de la población siguiendo la línea de la verdad y el error relativos y los posicionamientos de derechas e izquierdas en la política, la economía y los asuntos de fe y la moralidad.

Engendrar hostilidades en la mente de las masas a través de la ansiedad y una sorprendente ausencia de conciencia sobre la presencia de Dios en el rápido ritmo de la vida moderna.

Generar, a través de emociones acumuladas y la violencia comercializada, un fanatismo frenético que aflora en el terrorismo internacional con su intimidación a los ciudadanos inocentes o en el repentino desencadenamiento enloquecido de un odio subconsciente a través del asesinato a sangre fría.

El Arcángel Miguel, nuestro defensor en Armagedón

En el libro de Daniel consta la profecía de la liberación del pueblo de Dios por parte del Arcángel Miguel de la depredación de los ángeles caídos. Se trata de una profecía sobre el momento actual: «En aquel tiempo se levantará Miguel, el gran príncipe que está de parte de los hijos de tu pueblo; y será tiempo de angustia, cual nunca fue desde que hubo gente hasta entonces; pero en aquel tiempo será libertado tu pueblo, todos los que se hallen escritos en el libro».[2]

Necesitamos al Arcángel Miguel porque nosotros no somos rival para los ángeles caídos, que van en contra de los niños de Dios en la tierra. Como consta en el libro del Apocalipsis, el Arcángel Miguel y sus legiones echaron del cielo a la tierra a Lucifer, a Satanás y a sus ángeles. Desde entonces ha habido guerra en la tierra.

Dios dio a los ángeles caídos cierto período de tiempo para arrepentirse de su pecado. Muchos aún no lo han hecho y hoy día continúan con sus actividades diabólicas: tráfico de drogas, abuso sexual infantil, manipulación de la economía.

Una de las formas con la que podemos invocar la intercesión del Arcángel Miguel es rezar la oración que escribió el Papa León XIII. Un día, cuando el Papa León había terminado de dar misa, se detuvo ante el altar como si estuviera en trance. Después explicó que había oído a Satanás hablar con Jesús.

Con una voz gutural y llena de orgullo, Satanás alardeó de que podía destruir la Iglesia, necesitando para ello setenta y cinco años. El Señor contestó: «Tienes el tiempo; tienes el poder. Haz lo que quieras». El papa comprendió que, con oración, sacrificio y llevando una buena vida podríamos anular el poder del demonio y sus agentes humanos; y comprendió que el Arcángel Miguel tenía un gran papel que jugar en el resultado de este conflicto.

Por consiguiente, el papa compuso una oración para invocar la intercesión del Arcángel Miguel a fin de vencer las artimañas de Satanás. Desde 1886 los católicos recitaron esta oración al final de la misa, pero se puso fin a esta práctica en 1964, cuando el Vaticano II revisó la liturgia.

Tú puedes aplicar esta breve oración a cualquier situación para la que necesites una ayuda extraordinaria de este arcángel, cuando tu hogar esté siendo destruido por el alcoholismo, cuando alguien conocido esté siendo maltratado o destruido por las drogas, cuando fuerzas invisibles estén actuando contra tu familia, tus negocios, tu forma de ganarte la vida, tu país.

En esta oración hay una línea en blanco (una modificación

para los estudiantes de los Maestros Ascendidos) donde puedes mencionar lo que te pese en el corazón. Si le das al Arcángel Miguel tus cargas, él te ayudará.

**San Miguel Arcángel,
defiéndenos en Armagedón**

San Miguel Arcángel, defiéndenos en Armagedón, sé nuestro amparo contra las maldades e insidias del demonio; rogamos humildemente que Dios lo reprenda, y que tú, oh Príncipe de las huestes celestiales, por el poder de Dios, ates a las fuerzas de la Muerte y del Infierno, la progenie de Satanás, la falsa jerarquía Anticristo y todos los espíritus malignos que rondan por el mundo en busca de la ruina de las almas, y los encarceles en la Corte del Fuego Sagrado para su Juicio Final [incluyendo a _____(di tu oración personal)_____].

Arroja a los seres oscuros y su oscuridad, a los malhechores y sus malas palabras y obras, causa, efecto, registro y memoria, al lago del fuego sagrado «preparado para el demonio y sus ángeles».

En el nombre del Padre, del Hijo, del Espíritu Santo y de la Madre, amén.

La alegría del Sendero

Este mundo necesita una limpieza, empezando con nuestros propios cuatro cuerpos inferiores: el cuerpo etérico, el cuerpo mental, el cuerpo de los deseos (o astral) y el cuerpo físico. Limpiemos nuestros hogares y que la alegría del Logos esté en nosotros siempre.

Porque con la alegría del Dios Padre-Madre es que podemos ser victoriosos. Sí, tenemos nuestras aflicciones. Sí, conocemos nuestras cargas. Pero la alegría de Dios que está perpetuamente con nosotros y en nosotros a través de la llama autosostenida, supera cualquier aflicción.

El Morya nos ha dado una oración que conecta a nuestro

corazón con su corazón diamantino de luz. Con su amor personal por nosotros como padre, podemos afrontar al enemigo tanto interior como exterior. Él se ha comprometido, como Chohán del Primer Rayo, a estar a nuestro lado a cada paso del camino hacia el Origen. Su amor por nosotros va más allá de cualquier medida, pero no más allá de nuestro entendimiento. Porque de hecho le pertenecemos y nuestro cáliz se ha llenado ante su presencia... para el viaje que hay que realizar, hasta llegar a la ascensión.

Oración para la unión del alma con el corazón del maestro ascendido El Morya

¡Donde yo estoy, ahí está El Morya!
Y en su nombre digo:
¡Hasta aquí y no más!
¡No pasarás!
¡No pisarás sobre suelo santo!
¡No entrarás en este lugar sagrado!
¡No te entrometerás entre mi Dios y yo!
Mi Dios es felicidad hoy.
Mi Dios es santidad.
Mi Dios es la integridad divina del que vive.
¡Yo y mi padre Morya somos uno!

5

La Hermandad de luz

Es vital para lograr nuestra victoria recordar que no estamos solos y que jamás nos debemos enfrentar a las fuerzas de la oscuridad solos. Existe una cadena jerárquica —Maestros Ascendidos, ángeles y elementales, serafines y querubines, los Elohim y los grandes seres cósmicos— que se extiende desde aquí hasta el Gran Sol Central, nuestro punto de origen en todo el cosmos Espíritu-Materia.

Las tradiciones orientales siempre han conocido a muchos seres celestiales, muchas personificaciones del Dios único. Pero en Occidente a veces se olvidan las visiones de Juan que constan en el Apocalipsis sobre ejércitos de ángeles, santos vestidos de blanco y muchos seres que componen la jerarquía del mundo celestial.

Al sintonizarnos con estos seres, podemos recibir su ayuda en nuestro sendero espiritual mientras al mismo tiempo ayudamos a afianzar su luz en el reino físico.

Alfa y Omega

Primero están los seres mencionados en el Apocalipsis, «el principio y el fin… el primero y el último», Alfa y Omega.[1] Ellos son la presencia del Dios Padre-Madre en el Gran Sol Central, nuestros verdaderos Padres Divinos

Puede que recordemos el momento cuando salimos de su presencia y descendimos: algunos de nosotros al salir en misión de rescate a buscar a otros que se habían descarriado, otros descarriándose ellos mismos al querer también servir de guía.

Desde el momento de esa separación, se han extendido desde su corazón al nuestro unas espirales entrelazadas continuas en forma de la figura del ocho. Estas espirales han sido la vía de transmisión de su luz. Sin embargo, en nuestra psique se ha producido una ruptura de esa unión por una pérdida de confianza, la cual después se volvió temor, duda e ira por la separación que se produjo.

Pero podemos volver a familiarizarnos con nuestro Dios Padre-Madre. Podemos conocer a los Elohim. Podemos conocer a las huestes angélicas de luz. Podemos soltar todas las tensiones que han asolado el inconsciente y bloqueado a nuestra alma para que no renueve su conciencia y restablezca el cordón cristalino hacia su corazón sin defectos, sin componendas.

Seres cósmicos

El término *ser cósmico* es un título, no solo una descripción. Un ser cósmico es alguien que es consciente del yo como el cosmos, que puede animar a un cosmos y ser consciente de campos energéticos y el control de campos energéticos inmensos, más allá de nuestra capacidad de comprensión. Los seres cósmicos están alineados con la geometría de la mente de Dios. Ellos están sobre una escalera que desaparece en la eternidad, que observan la victoria triunfadora de quienes son portadores de la luz del Cristo en este y muchos otros mundos.

Los seres cósmicos tienen un logro tal, son de una atemporalidad tal, que hacen que el entendimiento moral no pueda comprender la inmensa identidad contenida en cada latido de su corazón que late a ritmo del corazón de Dios. Cada uno de nosotros, al ocupar un nivel jerárquico, estamos sobre un escalón de esa escalera. Nos precede una cantidad inmensa de seres, e innumerables más vendrán detrás, escalando hasta la cumbres.

Los Elohim y los seres cósmicos tienen la concentración más grande, la vibración más alta de luz que nosotros podamos comprender en nuestro estado evolutivo. Al proceder del Gran Sol Central, seres que se han ganado el derecho por concentración de energía, por conciencia, por percepción de Dios, reducen esta emisión de fuego sagrado para las evoluciones inferiores que no han pasado por las iniciaciones necesarias para contener una manifestación de luz tan concentrada.

Alrededor de Alfa y Omega hay seres cósmicos y están las doce jerarquías solares. Estas jerarquías de luz actúan como transformadores reductores. A las doce jerarquías que rodean el altar central nos referimos con los nombres de los signos del zodíaco.

Por tanto, hablamos de una jerarquía de Capricornio, una jerarquía de Cáncer, una jerarquía de Aries y de Libra. Estas jerarquías son mandalas de seres cósmicos. Por ejemplo, la jerarquía de Capricornio puede contener en su núcleo a 144 000 seres cósmicos que actúan como transformadores reductores de la llama que emite el corazón de Alfa y Omega en el Gran Sol Central a la que llamamos poder Divino. Esa es la energía que inicia los ciclos. Cada una de estas jerarquías solares tiene una cita con Dios para emitir cierto aspecto de la luz creativa. Vemos que la reducción de energías produce una y otra vez una división por sí mismas de las energías. Cuando las doce jerarquías toman las doce partes, otras jerarquías las dividen. A medida que la frecuencia se va reduciendo, nacen otras virtudes a través de otras corrientes de vida, otros Maestros Ascendidos, ángeles, arcángeles, etc.

Elohim

Elohim es un nombre plural para referirse a Dios como Creador, el apelativo con el que llamamos a los siete Espíritus de Dios que produjeron toda la creación en respuesta a la orden del Logos. *Elohim* es el nombre de Dios utilizado en el primer versículo de la Biblia: «En el principio creó Dios los cielos y la tierra». Los siete poderosos Elohim son los «siete Espíritus de Dios» mencionados en el Apocalipsis[2] y las «estrellas del alba» que alababan juntas en el principio, como le reveló el Señor a su siervo Job.[3]

Los Elohim están levantando a almas de luz y ayudando a otras que no pueden llevar el peso de su propio karma. También podemos pensar en los Elohim como siete columnas, al sostener cada Elohim, cada columna, otro aspecto de nuestro mundo.

Cada uno de los siete rayos tiene un par de llamas gemelas Padre-Madre de Elohim. Los Elohim del primer rayo del poder de Dios son Hércules y Amazonia. En muchos casos, debido a su cargo entre los siete Elohim, Hércules es el único representante de la Divinidad que puede interponerse entre la humanidad y su karma.

Es muy probable que el recuerdo del dios conocido por los griegos como Heracles (Hércules para los romanos) tuviera su origen en un encuentro con este Elohim. Su mitología proviene de tiempos antiguos, probablemente de la Atlántida. Tras miles de años, sin embargo, los dioses y diosas asumieron en la mente de las personas características humanas debido a la degeneración de sus facultades del alma, como la vista interior, y su tendencia a la idolatría. Por tanto, lo que actualmente se atribuye al Hércules mitológico no se corresponde con la realidad de este Elohim.

Estatua romana de Hércules

Hércules y Amazonia quieren que nos concentremos en detener el terrorismo nacional e internacional, los cataclismos en la Tierra y todo lo que sea una dificultad para que se manifieste el gobierno Divino.

Al hacer los decretos puedes visualizar el fuego blanco y el relámpago azul obligando a retroceder todo aquello que se oponga al gobierno Divino de todas las naciones. Haz que tus visualizaciones sean lo más detalladas posible. Cuanto más específicas sean tus visualizaciones, más efectivos serán tus decretos, porque estarás dirigiendo la luz de Dios, como un rayo láser, justo hacia el núcleo de la situación en concreto.

Los Elohim del segundo rayo de la iluminación divina son Apolo y Lúmina. Estos Elohim quieren que nos concentremos en la educación y la vivificación de la mente de Dios en todos los portadores de luz. En 1975, nos dieron una gran dispensación que consistía en una vara de iluminación para acelerar las mentes de la humanidad, una dispensación que se da una vez cada diez mil años. En aquel momento, los Elohim dijeron: «La humanidad, si quiere, puede emplear la vara para entrar en una nueva era y en una era de oro».⁴

Estatua romana de Apolo

Ahora tómate un momento para visualizar la vara de iluminación activada en ti. Obsérvala como una intensa luz dorada intensa que pulsa en tu cerebro. Ve cómo este electrodo quema todas las impurezas que impiden el flujo de la luz de Dios en tu mente. Ahora ve un halo de luz dorada como manifestación de la mente de Dios superpuesta a tu cabeza y las cabezas de los hijos de luz en la Tierra.

Los Elohim del tercer rayo del amor divino son Heros y Amora. «Nuestro ángeles arreglan los defectos en la funda etérica —nos han dicho— y cuando intensificáis los rituales de llama violeta, arreglan los defectos en la Tierra. Y veréis la reducción del poder de quienes han perseguido al cuerpo de Dios en la tierra. ¡Ratificad esta profecía con vuestros llamados y esto tendrá lugar pronto!».⁵

Heros y Amora quisieran que nos concentremos en la derrota de todas las fuerzas que se oponen al amor, a la unión de las llamas gemelas y a nuestra unión con nuestro Yo Superior.

Los Elohim del cuarto rayo de la pureza y la alegría son Pureza y Astrea, que vienen con la acción de su círculo y espada de llama azul en respuesta a nuestro llamado. El círculo y la espada de llama azul es una herramienta enormemente poderosa para el crecimiento espiritual.

Astrea nos anima a que hagamos su decreto por los seres queridos que se sientan apesadumbrados por adicciones de cualquier tipo.* Al rezar por ellos, recemos también por otras personas de este planeta para que puedan ser liberadas por Astrea. Incluso una sola oración autoriza a Astrea a ayudar a un millón de almas. Esta es una promesa muy grande de un ser cósmico muy grande. Todos  conocemos a alguien que tiene alguna forma de adicción y que puede beneficiarse de la ayuda que pueden darle el círculo y la espada de Astrea. ¿Cómo no vamos a aprovechar una dispensación tan grande para ellos?

Astrea también nos dio otra fórmula para la victoria. A cualquier hora del día o de la noche, cuando llegue la tribulación, cuando te lleguen los fuegos de la crucifixión, sabe que puedes ganar si te diriges al Todopoderoso al instante, si te diriges a Jesucristo, al Espíritu Santo y a la Madre Divina. Debes llamar a Astrea para que ponga el círculo y la espada de llama azul alrededor de la causa y el núcleo de todo lo que se oponga a tu identidad Divina.

Cuando hagamos el llamado a Astrea y Pureza, podemos hacerlo con una gran alegría al saber que tenemos esta gran clave para ayudar a millones de personas, que de otro modo se perderían en la oscuridad.

---
*Véase el decreto de Astrea en el capítulo 10.

Los Elohim del quinto rayo de la verdad, la ciencia, la sanación, la visión y la abundancia son Ciclopea y Virginia, quienes ayudan a la humanidad y a los elementales a precipitar la abundancia de Dios en la forma. A Ciclopea puedes pedirle que te ayude a manifestar tu diseño original interior.

Los Elohim Ciclopea y Virginia también quieren que nos concentremos en los siguientes asuntos: la sanación de las naciones, su economía y su pueblo; que se detengan los abusos con la música, la ciencia y la tecnología, como la ingeniería genética y la clonación; y que se contrarreste la guerra bacteriológica y la diseminación de virus y microbios dañinos.

Los Elohim del sexto rayo de la paz y la hermandad divina son Paz y Aloha, quienes traen una dispensación muy importante que nunca debemos olvidar: Por cada persona de la Tierra que esté en paz con Dios y esforzándose por la luz, se añadirán diez mil ángeles a los grupos de las legiones del sexto rayo del Señor Jesucristo que sirven a los pueblos del planeta Tierra. Estos ángeles no tienen más que una meta: que el poder de la paz con que Dios los ha dotado se aplique a la transmutación y la total disolución de la guerra en todos los niveles.

Los Elohim dijeron que, con la dispensación de los diez mil ángeles, «vosotros, en un sentido de la palabra, sois los líderes de esas compañías de ángeles y tenéis la responsabilidad de darles órdenes, de hacer decretos por ellos, incluso por su protección... Entonces, debéis ser participantes muy activos en aquello que está teniendo lugar en vuestra comunidad y en vuestro planeta».[6]

Paz y Aloha quieren que nos concentremos en detener la guerra y las fuerzas que se oponen a la paz, tanto interior como exteriormente. Visualiza un lugar donde haya guerra ahora mismo. Ve cómo esos diez mil ángeles de la paz descienden para detenerla.

Los Elohim del séptimo rayo de la alquimia y la transmutación son Arcturus y Victoria. La llama violeta es la solución para la acción positiva en todos los sitios que veamos en las noticias que nos hacen quedarnos mirando estupefactos ante las atrocidades que se cometen. Satura esas zonas con la llama violeta. Y cualquier problema que veas en tu hogar, en tu familia y en tus hijos, debes saber que la llama violeta puede marcar la diferencia, y lo hará.

Arcturus y Victoria nos piden que nos concentremos en el fanatismo, en la contaminación física, emocional, mental y etérica, y en todo lo que se oponga a la relación personal del alma con Dios. Ve cómo la hoguera de llama violeta satura las situaciones inestables de fanatismo. Ve cómo la llama violeta limpia la tierra, el aire, el agua y los agentes contaminantes.

El reino de la Naturaleza

Debajo de los Elohim sirven los jerarcas del reino de la Naturaleza. Orómasis y Diana gobiernan el elemento fuego, el plano de fuego (etérico) y a las poderosas salamandras. Diana se deriva de *Dhyana,* pues ella es la Madre que medita en el fuego de los Budas por todos sus hijos y toda la vida elemental. Por tanto, tal como la Virgen María mantiene el concepto inmaculado de las evoluciones de Dios y de la vida elemental, Diana, Diosa del Fuego, eleva la llama de la Madre.

Los elementales del elemento fuego se llaman salamandras. Miden tres, cinco y nueve metros y resplandecen con todo el esplendor del arcoíris con su derroche de color y con el elemento fuego de la vida que destellan a través de ellas con un movimiento giratorio, sinuoso y ondulado.

Las salamandras están ante ti, esperando a que les des su tarea, esperando a que las envíes a que consuman la causa y el núcleo de las enfermedades, de todos los virus y las proyecciones que sufren los niños de Dios.

La naturaleza ígnea del hombre no es más que un vago recuerdo de los tiempos en los que estábamos con Dios, cuando danzábamos con el optimismo de la llama divina. Nuestra comprensión de la Materia y la sustancia tan solo es de un grado menor cuando no tiene en consideración la base ígnea de la Materia. El fuego del electrón es el fuego de Dios, y por doquier en la naturaleza la manifestación de las benditas salamandras lleva a cabo la voluntad de Dios en el orden natural de las cosas.

Aries y Thor gobiernan el aire, el plano mental, y a los millones y millones de silfos que nos sirven cada día y cada hora. Los poderosos silfos llevan a cabo sus rituales diarios para purificar y lavar la atmósfera de un planeta y un pueblo, así como para airear la mente y el corazón y cada célula de la vida; también se han comprometido a ser portadores de ese prana del Espíritu Santo que es el mismísimo aliento del alma.

Silfos gigantescos que abarcan los cielos e interpenetran la Tierra, el agua y el fuego sagrado se mezclan y hacen fiesta con los benditos ángeles del fuego sagrado, los ángeles de la luz purificadora y los ángeles que adoran la llama viva del Espíritu Santo. Puesto que el aire absorbe las emanaciones de la tierra, el mar y el fuego, tanto lo dulce como lo amargo, esta cualidad de absorción es la naturaleza del aura de los silfos. Por tanto, ellos son estudiantes de los misterios de la concentración y la

contención de las fuerzas vitales.

Tal como las estrellas emiten sus rayos secretos durante el lado nocturno de los ciclos de la Tierra, al dotar a la atmósfera de fuerzas cósmicas desconocidas tan necesarias para la vida interior del alma, y tal como el sol dota a cada criatura del amor-sabiduría de su núcleo ígneo, durante el proceso de esta transmutación cósmica mediante el cual la luz se vuelve vida en la célula, los silfos en la Materia, moviéndose con las ondulaciones de los serafines en el Espíritu, son los grandes transmisores de las corrientes del Espíritu Santo del cielo a la tierra.

Del elemento agua, Neptuno es el rey de las profundidades; y su consorte, Luara, es la madre de las mareas que gobierna ciclos de fertilidad y el elemento agua que afecta al cuerpo emocional (conocido como el cuerpo de agua, de los sentimientos o de los deseos).

Los elementales cuyo reino es el agua son conocidos como ondinas. Estos seres hermosos, elásticos, como sirenas, se mueven con rapidez y pueden cambiar de forma con prontitud.

Las ondinas gobiernan el agua y sus energías allá donde estén, no solo las grandes masas de agua, sino también las pequeñas. Controlan toda la vida acuática mineral y los peces, así como las mareas, y tienen mucho trabajo con el clima, la oxigenación y la precipitación.

A ellas corresponde el trabajo de limpiar las aguas del planeta que se han envenenado. Trabajan duro sin cesar para sanar los mares contaminados mientras recargan el campo electromagnético de las aguas con las corrientes del Espíritu. Su cuerpo es conductor de corrientes cósmicas que resuenan por las cámaras de la vida submarina.

Las ondinas limpian no solo las aguas físicas, sino las emociones de la humanidad. Como el agua, las emociones tienen un poder y un movimiento enormes. Asimismo, las emociones pueden surgir en nosotros de repente y ponernos con facilidad dentro o fuera de una perspectiva equilibrada. Las ondinas cargan con el peso de la contaminación emocional de la humanidad, los sentimientos que no son de paz, como la ira, el temor y la ansiedad.

Virgo y Pelleur son los jerarcas de los siervos de Dios y el hombre en el elemento tierra. Ellos son recipientes del Dios Padre-Madre para los elementales que sirven a la humanidad a través de las distintas clasificaciones de los elementos que componen el cuerpo físico de la Tierra. Virgo es la Madre Tierra, la Madre de la vida elemental y de la forma física que tenemos y guarda la llama de la luz que arde en las células físicas de todos los seres.

Los benditos siervos que sirven las necesidades de toda una evolución planetaria incansablemente, alegremente, día tras día, son denominados gnomos y con frecuencia son relegados al reino del mito y la magia. Pero estos espíritus elementales de la naturaleza son los mejores siervos de la humanidad, los más nobles y amables, fuertes y valientes ante cualquier abuso al cuerpo de la Tierra y cualquier asalto contra la ley de la armonía de la Tierra.

Con el aumento de la carga sobre estos ayudantes de la naturaleza, invisibles pero muy presentes, debido a la época de infamia contra la luz por parte de la humanidad, Virgo y Pelleur suplican por la causa de una renovada cooperación cósmica entre los hijos del Sol y toda la vida elemental.

Los seres a los que llamamos gnomos abarcan una gama que va desde los elfos de siete centímetros y medio que juegan en la hierba, los enanos de un metro de altura, hasta las jerarquías de las montañas que asisten a la Gran Sala del Rey y la Reina de la Montaña, que Grieg vislumbró y representó en su tributo musical a los gnomos especiales de Noruega y los escandinavos.

En el reino elemental de la Tierra existen gigantes. Estos son seres poderosos que esgrimen el fuego del átomo y la molécula para mantener el equilibrio de los continentes durante los cataclismos, las inundaciones y los incendios. Esta evolución fue creada por los Elohim para sustentar la plataforma para el gran experimento con el libre albedrío ordenado por nuestro Dios Padre-Madre para nosotros, que fuimos enviados a los sistemas planetarios para dar fruto en la conciencia Crística y para multiplicar la manifestación de Dios en nuestra progenie y en las obras de nuestras manos.

Tal como los gnomos representan al Espíritu Santo y son transmisores del amor del Consolador a través de la belleza y el cuidado de la naturaleza para los niños de Dios, otros elementales representan el cargo del Padre (salamandras), el Hijo (silfos) y la Madre (ondinas). Por tanto, incluso en los reinos inferiores de los cuerpos planetarios hay representantes de las cuatro fuerzas cósmicas concebidas por Ezequiel y San Juan.[7]

Los poderosos gnomos, amables y misericordiosos, son el arquetipo en la naturaleza del buey que trilla el maíz, la gran bestia de carga sobre la que descansa el karma de la humanidad. Sacrificándose, incluso niegan su propia realización evolutiva a fin de que el hombre, como manifestación más grande de Dios, pueda continuar teniendo la oportunidad de demostrar la ley de la gracia y entrar en el rito primaveral según el verdadero espíritu de la llama de la resurrección.

Estos benditos guardianes del jardín de Dios esperan al Señor (el Ser Crístico de cada persona) y su venida al templo de sus hijos e hijas. Adoran la llama trina de la vida, aunque no sea más que una chispa descuidada de una divinidad perdida en las obstinadas almas de Terra. Con paciencia, ellos son los vencedores y los compensadores por las malas cualificaciones de la energía del Espíritu Santo. Una y otra vez, dan su vida con gusto por sus amigos, aunque muchos de sus amigos ignoren su lastimosa situación precaria y exhiban un descuido vergonzoso con respecto a estos siervos tan devotos.

Desde el más grande de los devas hasta la más pequeñas de las hadas, los elementales sirven a los que tienen la luz Crística. Pero nosotros tenemos la responsabilidad de ayudarlos también. Estos seres de la naturaleza cargan con el peso del abuso que la humanidad hace de la energía divina y deben esperar a que nosotros nos unamos con los Divino antes de poder, ellos también, ganarse su llama trina inmortal.

Debido a que nuestro universo de la Materia está velado por la irrealidad del mal, los que sirven al mundo físico han caído en sus trampas. Dios no puede dar inmortalidad al velo de energía.* El velo de energía que han echado sobre la vida elemental, por tanto, le impide pasar a la eternidad a no ser que los elementales pasen al reino humano, nazcan y continúen evolucionando a través de ese reino, tal como los ángeles tienen permitido encarnar como seres humanos.

La Tierra podría disfrutar de una armonía mucho mayor si cada uno de nosotros reconociera que nuestros cuatro cuerpos inferiores pueden expandirse, con la meditación y los decretos, hasta unirse a todo el cuerpo planetario. Esta es la conciencia mundial de la Madre del Mundo. Esta es la conciencia mundial de sus hijos e hijas.

Cuando señoreemos los cuatro cuerpos inferiores y tengamos el dominio que tuvo Jesucristo cuando estuvo encarnado, la fuerza de cada uno de los cuatro cuerpos inferiores también fortalecerá cada uno de los cuatro cuerpos inferiores de la Tierra.

Velo de energía es un término utilizado por los Maestros Ascendidos para describir el mal.

El reino angélico

Las huestes angélicas se componen de arcángeles, querubines, serafines y varios puestos, jerarquías y principados de ángeles en los siete planos del cielo. Ellos son los ejércitos de Dios, el poder, el servicio, la perfección y la fortaleza de Dios que fluyen desde el reino de la inmortalidad hacia la manifestación inmediata en el reino mortal, estableciendo el contacto necesario entre Dios y el hombre.

Sirve de ayuda comprender el compañerismo que tenemos y aprender de ellos, pues son sabios e inocentes al mismo tiempo. Son antiguos como el Anciano de Días, pero muy jóvenes de corazón, y son como niños. Son poderosos en el SEÑOR; son amables. Nos protegen para que no nos pase nada, nos consuelan y mantienen limpia la visión interior de nuestra alma.

Los ángeles son nuestros mejores amigos y ayudantes. Son los ayudantes de la Madre en los planos del Espíritu, mientras que los elementales son los ayudantes de la Madre en los planos de la Materia.

Los complementos divinos femeninos de los arcángeles se llaman arcangelinas. Ellas son Madres cósmicas que alimentan a las evoluciones de la Tierra y nos ayudan a todos a llegar a la grandiosa conclusión interior de la vida y decir: «He llenado mi cáliz. Estoy sano. El elixir de Cristo ha tocado mis labios. Conozco el significado de Dios en mí y me muevo por rutas enormes, en reinos más allá de mi comprensión. Sin embargo, Dios está en todas partes y YO SOY ese Dios».

Las arcangelinas vienen a nosotros como madres, como hermanas. Vienen para que podamos saber que Dios, en la persona de Alfa y Omega, nos ha dado, si lo queremos, un enorme impulso acumulado para conquistar al yo, para conquistar al yo irreal, para conquistar todo lo que nunca debió haber existido.

Con el Arcángel Miguel, en el primer rayo, sirve la Arcangelina Fe, que anima la luz de la Madre de fe en la misión del Arcángel Miguel. Ella está con las mujeres del mundo y con la

Mujer vestida del Sol, defensora de la conciencia Divina.

Fe es esa conciencia que se eleva como el arco de fe desde el que la flecha de la esperanza y la caridad son lanzadas por la mano del Arquero Eterno hacia el corazón de los niños de Dios por doquier, y mantiene el concepto inmaculado de nuestra fe y los fuegos del hogar ardiendo mientras el Arcángel Miguel y sus legiones van a luchar contra el dragón y sus ángeles caídos.

Cristina es la arcangelina del segundo rayo, y trabaja con el Arcángel Jofiel. Ella es la Madre de la llama de la iluminación y la arcangelina del tierno rayo que tiene el poder de atravesar toda la ignorancia, de realinear las células de nuestro cerebro, de hacer de nosotros, todos nosotros, hombres sabios de Oriente. Ella es la luz eterna del Christos del rayo femenino.

Arcangelina Caridad

Caridad, complemento de Chamuel, arcángel del amor, es la arcangelina del tercer rayo, y viene a liberar al hombre y la mujer de la agonía del amor egocéntrico y de lo que busca poseer y, por tanto, es poseído por el yo irreal.

Ella está en el umbral del círculo de la unión de las llamas gemelas. Viene como patrona de la Sagrada Familia en la era de Acuario. Está al servicio de Saint Germain, María y el Señor Cristo, pues se le ha solicitado que venga a proteger el amor de los devotos que sirven en los planos de la Materia.

La Arcangelina Esperanza, junto con el Arcángel Gabriel, lidera a las legiones de los ángeles del cuarto rayo. Ella es la Madre Divina de la esperanza, el principio femenino de la pureza, moviéndose como las volutas de las nubes, moviéndose como la suave brisa y los pétalos aterciopelados de una rosa. Esperanza está en el corazón de la pureza y de la madre de la pureza en la vida; da esperanza a los apesadumbrados y cansados y viene a dar esperanza hacia otro medio de vida, hacia una realización, hacia el honor, hacia la realidad.

Esperanza viene con ese poder, esa shakti del principio femenino, a romper las matrices que se oponen a la conciencia virgen, la matriz de la Madre. La Madre siempre defiende a su progenie; y la Madre puede desatar el poder del Espíritu Santo como la acción de un rayo.

La arcangelina del quinto rayo y llama gemela del Arcángel Rafael es nuestra muy amada Virgen María, que ha escogido animar el rayo de la Madre para un cosmos. Ella es nuestra amiga de luz y Madre de los ciclos eternos y nos pide que la invitemos a nuestro hogar, no como una deidad lejana, sino como una amiga que se sienta con nosotros a la mesa y comparte una taza de té. Debido a que ha descendido a la forma —como nosotros—, la Virgen María puede interceder por nosotros de una forma muy especial y personal, distinta a la de los arcángeles y arcangelinas que nunca han habitado en forma humana.

La Virgen del Globo

El amado Arcángel Miguel tiene la misma dispensación que ella. Por eso mucha gente, al pensar en los reinos angélicos y sus huestes, dan su corazón, sus oraciones y sus dolores a la Reina de los Ángeles y al Príncipe de los Arcángeles.

En el sexto rayo del servicio y el juicio está la Arcangelina Aurora, con el Arcángel Uriel. Aurora es una madre de millones de seres que cuida y defiende a los pequeños. Uriel y Aurora vienen con un escuadrón de elementales, y con poderosos ángeles protectores a infundir en la Tierra un arrullo de esperanza, amor y alegría. Vienen en primavera con el amor de cada flor para emitir con fragancia el poder de la luz, el poder de penetrar en el alma, el poder de vivificar y llevar a la Divinidad incluso a los obstinados.

Aurora y sus ángeles abrazan al niño y lo envuelven en la mantilla de luz, totalmente conscientes de que algunos pueden absorber la luz del velo de la Madre mientras que otros tienen sus propios velos de karma y sustancia astral, plano del que han venido y, por tanto, al no poder aún recibir en su percepción física-mental lo que se les da a todos los del nivel etérico.

Quienes patrocinan a madres, la maternidad y la niñez siempre vienen con paz y con la espada. Estos poderosos ángeles del sexto rayo extienden la luz de la espada por todo el cosmos de la Materia. Invoca sus nombres, Uriel y Aurora, pues el SEÑOR Dios los ha nombrado para que ejecuten el juicio en todas las esferas de la Materia.

La Arcangelina Santa Amatista es el complemento divino del Arcángel Zadquiel. Ella es el punto de precipitación en la Materia de la alquimia del séptimo rayo; es la llama de la Madre de la Orden de Melquisedec; es el núcleo de fuego blanco del chakra de la sede del alma, y guarda la llama de la libertad por las siete razas raíz destinadas a cumplir los ciclos de la vida en Terra.

Estos arcángeles y arcangelinas, la multitud de ángeles de los siete rayos y todas las huestes angélicas, son los facilitadores del sendero místico que es el profundo deseo del alma de unión con Dios.

Los serafines son el orden angélico dedicado a concentrar la llama de la pureza y la conciencia de la pureza ante el trono de Dios y en todo el cosmos en los planos del Espíritu y la Materia. Salen del fuego blanco de la Madre Divina para servir; salen de la esfera blanca de Alfa y Omega. Vienen como grupos de ángeles sanadores, ángeles de fuego, ángeles de la transformación y la transfiguración, ángeles que asisten a la resurrección, incluso la del alma, que significa la aceleración por la cual el alma se envuelve en el fuego del espíritu de la resurrección.

Estos serafines son nuestros mejores amigos. Pertenecen a la orden de Serapis, asisten a nuestra ascensión y han asistido a los grados de nuestra ascensión en cada encarnación desde que marchamos del Gran Sol Central.

¡Los milagros, *aparentes* milagros, tienen lugar en el aura de los serafines de Dios! No descuides el llamado a los serafines de Dios cuando afrontes un estado de falta de alineamiento con respecto a Dios, por pequeño que sea. Porque los serafines son los médicos más grandes de todos. Son los sanadores más grandes, al mismo nivel que las legiones más altas de Rafael y la Virgen María.

Los serafines son los santos de Dios en todas las comunidades religiosas. Por tanto, los serafines no discriminan en cuanto a religión, y vienen a proteger a los corazones de luz de todas los credos que ya han establecido con sus devociones diarias un acorde de luz que llega al Ser Infinito.

Los querubines son los ángeles que protegen el camino del Árbol de la Vida con una espada encendida.[8] Ellos son los guardianes de la conciencia de Dios Todopoderoso que protegen esa llama en el hombre y la mujer, en el cielo y la tierra, en el Sanctasanctórum y en las coordenadas del tiempo y el espacio. Se debe invocar a los querubines protectores[9] todos los días, pues son los protectores del amor en los planos de la Materia. Si los caídos pueden destruir el amor, pueden destruirlo todo. Porque el amor es la base y la fuente de la vida.

El amor es la esencia de la creación. Sin amor la vida está desconsolada, los cielos sombríos y la vida elemental decaída.

Este gran tapete de luz, estos seres cósmicos, Elohim, ángeles y elementales, están esperando poder ayudarnos. Solo tenemos que recordar que somos hijos del Altísimo. Algunos lo han olvidado y al hacerlo, nuestro poderes han disminuido y ya no parecemos capaces de invocar la protección que conocimos en nuestro estado edénico, que la jerarquía del cielo desea devolvernos y no solo para hoy, sino para siempre. La Gran Hermandad Blanca, seres de luz, desean devolver al hombre el poder de eliminar la sombra, desean devolvernos el poder de la comunión de los santos y la comunión con las huestes angélicas.

Estos ángeles son algo real. Son seres tangibles de luz y fuego. Desde el corazón de Dios salen, como mensajeros alados de luz, amor y poder. Están para que les demos órdenes, pero las órdenes debe ser siempre órdenes de luz.

6

El sendero del amor acelerado

Nuestro mundo tiene una historia antigua, mucho más antigua de lo que indica la historia escrita. Mucho antes incluso del hundimiento de la Atlántida y el diluvio de Noé, antes del hundimiento de la tierra madre, Lemuria, nuestro mundo había caído en una oscuridad verdadera y total. Y de no haber sido por la acción de un gran ser de luz, la Tierra y su oportunidad de llegar a ser la Estrella de la Libertad habrían dejado de existir.

Sanat Kumara, conocido por el profeta Daniel como el Anciano de Días, describe ese punto crítico en la historia de la Tierra:

> El Consejo Cósmico había decretado la disolución de la Tierra y sus evoluciones porque las almas de sus hijos ya no adoraban la Trinidad en la llama trina de la vida que arde en el altar del corazón. Se habían convertido en ovejas descarriadas. Con su atención fijada en la manifestación exterior, habían abandonado voluntaria e ignorantemente el caminar interior con Dios. No conocían al hombre oculto del corazón, ese bendito Ishvara,[1] y las siete velas ya no ardían en las siete ventanas. Hombres y mujeres se habían quedado huecos, sus chakras, agujeros negros en el tiempo y el espacio; y sus templos desocupados se convirtieron en los sepulcros de los muertos; y los espíritus de los muertos hicieron su morada en sus casas ahuecadas...

En ninguna parte de la Tierra había una escuela de misterios (ningún chela, ningún Gurú, ningún iniciado del sendero de iniciación hacia la Cristeidad).

La hora del juicio había llegado y el que se sienta en el trono, en el centro de las doce veces doce jerarquías de luz, había pronunciado la palabra que era el consenso unánime de todos: que la Tierra y sus evoluciones sean enrolladas como un pergamino y encendidas como una vela del fuego sagrado. Que todas las energías mal cualificadas sean devueltas al Gran Sol Central para que sean repolarizadas. Que la energía mal utilizada sea realineada y recargada con la luz de Alfa y Omega, para una vez más ser infundida por el Creador en la continua creación de mundos sin fin.

¿El requisito de la ley para salvar a Terra? Era que alguien cualificado para ser el Gurú encarnado, el Cordero, estuviera presente en la octava física para sostener el equilibrio y para guardar la llama trina de la vida por toda alma viva. La ley del Uno dice que la meditación de un ser en el Christos Eterno puede contar para la mayoría, hasta que esa mayoría se vuelva responsable de sus palabras y sus obras y pueda comenzar a llevar la carga de su luz, así como el karma de su bien y mal relativos.

Yo elegí ser ese ser. Me ofrecí para ser un llameante hijo de justicia para la Tierra y sus evoluciones.

Tras una considerable deliberación, el Consejo Cósmico y el Ser Sin Nombre dieron su aprobación a mi petición y la dispensación de un nuevo plan divino para la Tierra y sus evoluciones nació. Porque la ley cósmica establece que cuando un jerarca de ciertos grados y dimensiones de conciencia cósmica se ofrece como pastor de las oleadas de vida que son ovejas descarriadas, la petición ha de concederse. Donde no hay Gurú, no puede haber chelas...

Pero el Gurú puede recibir la oportunidad de ser Gurú solo durante un cierto ciclo. Y si al final de ese ciclo los miembros de la oleada de vida, por su obstinación y dureza de corazón, no han respondido como chelas a la llama del corazón del Gurú, entonces el Gurú debe retirarse. Y lo que pudo haber sido no puede ser; y a ningún otro jerarca se le dará la dispensación.

Así, me arrodillé ante el gran trono blanco del Ser Sin Nombre, y me dijo: «Hijo mío, Sanat Kumara, tú te sentarás en el gran trono blanco ante las evoluciones de la Tierra... En verdad, serás la más alta manifestación de la Deidad que se les dará, hasta que, a través del sendero de iniciación, sus almas se eleven hasta tu trono de conciencia y estén ante ti alabando al YO SOY EL QUE YO SOY que tú eres. Ese día, cuando se levanten y digan: "al que está sentado en el trono, y al Cordero, sea la alabanza, la honra, la gloria y el poder, por los siglos de los siglos", he aquí, su redención se acercará»...

Y el Consejo de los Ciento Cuarenta y Cuatro, formando un único anillo solar alrededor del gran trono blanco, entonó la Palabra con los grandes seres de luz, al formar el círculo interno alrededor del trono, y decir: «Santo, santo, santo es el Señor Dios Todopoderoso, el que era, el que es, y el que ha de venir». Y oí el eco de su cántico «santo, santo, santo» durante todo el camino de regreso hacia la estrella matutina, hacia mi llama gemela, a quien conocéis como Venus, y hacia los hijos y las hijas de la Estrella de Amor.

Alados mensajeros de luz habían anunciado mi venida, la disposición del Consejo Cósmico y la dispensación concedida. Los seis —mis hermanos, los Santos Kumaras, que sostienen conmigo las siete llamas de los siete rayos—, el Poderoso Víctory y sus legiones, nuestra hija Meta y muchos siervos hijos e hijas a quienes hoy conocéis como los Maestros Ascendidos, me dieron la bienvenida con una gran recepción. Aquella noche, la alegría de la oportunidad se mezcló con la tristeza que trae el sentimiento de separación. Había elegido un exilio voluntario en una estrella oscura, y aunque estaba destinada a ser la Estrella de la Libertad, todos sabían que sería para mí una larga noche oscura del alma.

Entonces, súbitamente, de los valles y las montañas apareció una gran reunión de mis hijos. Eran las almas de los ciento cuarenta y cuatro mil acercándose a nuestro palacio de luz. Se acercaron más y más en espirales, como doce compañías, cantando la canción de libertad, de amor y de victoria. Su potente canto coral resonó en toda la vida elemental, y los coros angélicos rondaron cerca. Venus y yo, al mirar por el balcón, vimos la decimotercera compañía vestida de blanco. Era el real sacerdocio de la Orden de Melquisedec, los ungidos que guardaban la llama y la ley en el centro de esta unidad jerárquica.

Cuando todos sus efectivos se hubieron reunido, anillo tras anillo tras anillo rodeando nuestra casa, y su himno de alabanza y adoración hacia mí hubo concluido, su portavoz se puso ante el balcón para dirigirse a nosotros en nombre de la gran multitud. Era el alma de aquel a quien hoy conocéis y amáis como el Señor del Mundo, Gautama Buda. Y se dirigió a nosotros, diciendo: «Oh, Anciano de Días, hemos sabido de la alianza que Dios ha hecho contigo hoy y de tu compromiso para guardar la llama de la vida hasta que algunos de entre las evoluciones de la Tierra sean acelerados y renueven una vez más su voto de ser portadores de la llama. Oh, Anciano de Días, para nosotros eres nuestro Gurú, nuestra vida, nuestro Dios. No te dejaremos sin consuelo. Iremos contigo. No te dejaremos ni por un momento sin el anillo tras anillo de nuestro discipulado. Iremos a la Tierra. Prepararemos el camino. Guardaremos la llama en tu nombre».

Y así, según me dirigió el SEÑOR Dios, elegí de entre ellos a cuatrocientos hijos e hijas siervos que se adelantarían a los ciento cuarenta y cuatro mil para preparar su llegada. Porque, aunque conocían la oscuridad de la estrella más oscura, en realidad no conocían, como yo sí conocía, el verdadero significado del sacrificio que estaban ofreciendo en nombre de su Gurú.

Lloramos de alegría, Venus, yo y los ciento cuarenta y cuatro mil. Y las lágrimas que se derramaron en aquella noche memorable ardieron como el fuego sagrado vivo fluyendo como el agua de la vida desde el gran trono blanco y el Consejo Cósmico, nuestros patrocinadores.[2]

El Anciano de Días

Así vinieron Sanat Kumara y los ciento cuarenta y cuatro mil. Con su sacrificio, la Tierra se salvó y sus evoluciones recibieron otra oportunidad de servir a la luz y recuperar su inmortalidad.

Los cuatrocientos que precedieron a Sanat Kumara construyeron el magnífico retiro de Shambala, sobre una isla en lo que entonces era el mar de Gobi (ahora el desierto de Gobi). Al asumir el cargo de Señor del Mundo, Sanat Kumara residió en su retiro físico, pero no asumió un cuerpo físico como el que nosotros tenemos ahora. Después fue conveniente para su protección que Shambala fuera eliminado del plano físico y llevado a la octava etérica. Después de que esto tuviera lugar, Sanat Kumara encarnó con Dipamkara, el antiguo Buda encendedor de lámparas.

En la tradición budista, Dipamkara caminó por la Tierra para salvar a las almas y profetizó que el asceta Sumedha llegaría a ser el futuro Buda Gautama. Se cree que Dipamkara (literalmente «encendedor de luces») fue el primero de los veinticuatro Budas que precedieron a Gautama. Se lo representa junto con Gautama y Maitreya como uno de los Budas de los «tres tiempos», pasado, presente y futuro.

Sanat Kumara puede encontrarse llevando muchos nombres en muchas creencias espirituales. Hallamos mención de él con el nombre de Sanat Kumara en una de las religiones vivas más antiguas. Sanat Kumara (del sánscrito *sanat*, «de antaño», «siempre», y *Kumara*, «siempre joven») es objeto de reverencia en el hinduismo como uno de los cuatro o siete hijos de Brahma, a los cuales se representa como jóvenes que han permanecido puros. Se dice que Sanat Kumara es el más antiguo de los progenitores de la humanidad; en el *Mahabharata* se lo denomina el «mayor nacido de Brahmán».

Sanat Kumara

En algunas historias se lo considera como hijo de Shiva. En el *Chandogya Upanishad*, Sanat Kumara es el instructor del sabio Narada, que aprende de él que la verdad más grande puede alcanzarse solo a través del autoconocimiento como un Ser Divino. Sanat Kumara también asume el papel de dios de la guerra y comandante en jefe del ejército divino de los dioses en su manifestación como Karttikeya o Skanda. A menudo se lo representa con una lanza y cabalgando sobre un pavo real, y a veces se lo muestra con doce brazos sosteniendo armas. Se dice de él que ha sido criado por las siete Krttikas (Pléyades), de donde se deriva el nombre Karttikeya («Hijo de las Krttikas»). Algunas obras también aclaman a Karttikeya como el dios de la sabiduría y el aprendizaje.

El linaje de Sanat Kumara

El primero en responder a la llama de Shambala guardada por Sanat Kumara fue Gautama Buda, seguido del Señor Maitreya y Jesucristo.

Gautama Buda logro la iluminación del Buda en su última encarnación como Siddhartha Gautama (c. 563-483 a. C.). Durante cuarenta y cinco años predicó su doctrina de las Cuatro Nobles Verdades, el Sendero Óctuple y la Vía Media, lo cual llevó a la fundación del budismo.

Sanat Kumara ocupó el puesto de Señor del Mundo hasta que su discípulo Gautama alcanzó suficiente logro para ocupar ese cargo. El 1 de enero de 1956, Gautama Buda fue coronado como Señor del Mundo. Sanat Kumara mantuvo el título de Regente Señor del Mundo y regresó a Venus con su llama gemela, la Maestra Ascendida Venus.

El Señor Maitreya ocupa el cargo de Cristo Cósmico y Buda Planetario y es conocido en Oriente como el muy esperado Buda Venidero, que vendrá a inaugurar una nueva era de paz y hermandad.

Maitreya es el Buda del ciclo de Acuario. Esta era actual es la era de su venida, y ha aparecido para enseñar a todos los que se han apartado del camino del Gran Gurú, Sanat Kumara.

Maitreya alcanzó la conciencia Crística muchos siglos antes de la última encarnación de Jesús, a quien patrocinó. Como su instructor, él fue aquel a quien Jesús llamó Padre (además de la Presencia YO SOY de Jesús).

Maitreya concentra su radiación del Cristo Cósmico para las evoluciones de la Tierra. Es

El Señor Maitreya

protector del planeta Tierra, proveniente de Venus, y su nombre significa «bondad». También es conocido como el Gran Iniciador, pues nos inicia en los ciclos cósmicos y supervisa nuestra iniciación en el sendero espiritual.

Jesucristo vino hace 2000 años para demostrar un sendero de Cristeidad que todos pudieran seguir en esta era. Hoy lo conocemos como un Maestro Ascendido y como el Instructor del Mundo, y una vez más está buscando discípulos que deseen recorrer el Sendero con él y conocer la victoria de la ascensión.

Los Instructores del Mundo

Con Jesús en el cargo de Instructor del Mundo sirve su discípulo Kuthumi. Los Instructores del Mundo son responsables de exponer las enseñanzas de este ciclo de dos mil años que conduce a la automaestría individual y la conciencia Crística. Ellos patrocinan a todas las almas que buscan la unión con Dios, instruyéndolas en las leyes fundamentales que gobiernan las secuencias de causa y efecto de su propio karma y enseñándoles a afrontar los desafíos diarios de su dharma individual, el deber de uno de realizar el potencial Crístico a través de la labor sagrada.

Los Instructores del Mundo han patrocinado la educación de las almas en la luz Crística en todos los niveles, desde preescolar hasta los niveles universitarios, pasando por la enseñanza primaria y secundaria. En todos los países de la Tierra han inspirado a maestros, filósofos, científicos, artistas, gente profesional y no profesional con la sabiduría eterna aplicada a cada cultura en particular, sirviendo a las muchas culturas del mundo para producir las múltiples facetas de la conciencia Crística.

A lo largo de sus vidas podemos ver que Kuthumi encarnó el amor y la sabiduría. Como Pitágoras, fundó una escuela de misterios en Crotona, en el sur de Italia, basada en la expresión matemática de la ley universal, ilustrada en música y en el ritmo y la armonía de un modo de vida altamente disciplinado. Como San Francisco de Asís, la compasión de Kuthumi por el

Los Instructores del Mundo, Jesús y Kuthumi

sufrimiento y su amor al Cristo fueron tan grandes que recibió el milagro de los estigmas del Cristo crucificado.

Kuthumi es conocido como el maestro psicólogo y una de sus tareas consiste en ayudarnos a resolver nuestra psicología. El maestro puede ayudarnos del mejor modo si recitamos su mantra, «YO SOY Luz». Este mantra sirve para el desarrollo de un enorme impulso de luz blanca y la sabiduría de Dios. Sirve para darnos la comprensión de que Dios puede morar y que de hecho mora en nosotros.

Cuando nos acercamos a Dios, él se acerca a nosotros y las huestes angélicas también se reúnen para fortalecer el aura. Podemos recitar este mantra para fortalecer el aura a fin de poder mantener la conciencia de Cristo, de Dios, de Buda, de Madre.

YO SOY Luz

YO SOY Luz, candente Luz,
Luz radiante, Luz intensificada.
Dios consume mis tinieblas,
transmutándolas en Luz.

En este día YO SOY un foco del Sol Central.
A través de mí fluye un río cristalino,
una fuente viviente de Luz
que jamás podrá ser cualificada
por pensamientos y sentimientos humanos.
YO SOY una avanzada de lo Divino.
Las tinieblas que me han usado son consumidas
por el poderoso río de Luz que YO SOY.

YO SOY, YO SOY, YO SOY Luz;
yo vivo, yo vivo, yo vivo en la Luz.
YO SOY la máxima dimensión de la Luz;
YO SOY la más pura intención de la Luz.
YO SOY Luz, Luz, Luz
inundando el mundo doquiera que voy,
bendiciendo, fortaleciendo e impartiendo
el designio del reino del cielo.

El sendero del rayo rubí

Estamos entrando en la era del regreso del Anciano de Días y la limpieza del cuerpo planetario con los siete rayos a fin de que, gracias a la Hermandad de luz y la cooperación de los chelas no ascendidos, pueda haber un aumento del amor, una amor perfeccionado en el corazón que no se contamina con la conciencia humana.

Los Maestros Ascendidos vienen, por tanto, a entregar el mandato del amor. Así vino el Buda Gautama. Así vinieron Jesucristo, Zaratustra, Krishna encarnados. Así vinieron los avatares. Vinieron a enseñar el sendero de los siete rayos. Y el orden de los chohanes, los arcángeles y los Elohim ha sido para reforzar el discipulado bajo los Gurús de Oriente y Occidente y las disciplinas de poder, sabiduría, amor, pureza, ciencia, servicio y transmutación, los rayos séptuples del prisma de la mente de Dios. Esto es el camino, la verdad y la vida.

Toda la misión de Jesucristo y otros avatares del Cristo

encarnados ha tenido la finalidad de establecer la base para la maestría equilibrada del alma sobre la Trinidad y la Madre en el sendero de los siete rayos. Los Maestros Ascendidos han enseñado ese sendero durante muchos años.

Ahora la voluntad de Sanat Kumara quiere que algunos que mantienen el equilibrio de los siete senderos de Cristeidad puedan acelerar en el tercer rayo del Espíritu Santo, de Pablo el Veneciano, y portar una luz poco común, una luz extraordinaria que vaya desde la suavidad del rosa hasta la intensidad del rosa más oscuro del alba y, finalmente, se convierta en el perforador rayo rubí capaz de disolver al instante todo lo que sea distinto al amor en las esferas de la Materia.

Sanat Kumara nos invita a que seamos iniciados del rayo rubí, el sendero del amor acelerado. El sendero del rayo rubí es la iniciación progresiva del alma en el misterio del Cristo interior. Percibido primero como el Hijo del hombre, después reconocido como el Hijo de Dios, el Cristo que había en Jesús debe finalmente ser comprendido como el denominador común dentro de cada uno de nosotros. Aquello que vemos en él debemos verlo en nuestro yo interior. Este es el sendero para los devotos que desean caminar por la Tierra como Cristo Jesús, que desean amarse unos a otros como él los ha amado.

El Apóstol patrocinador del rayo rubí es Juan el Amado, cuyos pasos hacia el Sagrado Corazón de Jesús podemos seguir. Juan nos invita a que tomemos el libro del Apocalipsis y las enseñanzas que los Maestros Ascendidos dan sobre él.[3] Porque los que buscan saldar el cien por cien de su karma y desean hacerlo no solo para la ascensión, sino para prepararse para afrontar las fuerzas oscuras de este mundo, deben saber que el contenido de este libro es un mapa, paso a paso, del cumplimiento de la gloria del Señor.

El chohán Hilarión, en su encarnación como San Pablo, es un gran ejemplo de un chela ungido por el Maestro Ascendido Jesús en su sendero de Cristeidad. Pablo predicó el misterio del

Cristo interior como «Cristo en vosotros, la esperanza de gloria».[4] Quienes no puedan o no quieran comprender este misterio seguirán siendo bebés en Cristo, si acaso. Ellos no pueden seguir sus pasos para llegar a ser bodhisatvas, salvadores del mundo y espíritus vivificadores.

La intensidad del rayo rubí es un poder incisivo de amor. Es un fuego espiritual intenso, y para poder tenerlo debemos estar preparados para contenerlo y mantener la armonía en nosotros. Es una luz purificadora.

Los iniciadores del rayo rubí

Los iniciadores del rayo rubí son el Señor Maitreya, el Señor Gautama, el Señor Jesús y Sanat Kumara. Las iniciaciones que nos traen son de sacrificio, servicio, entrega y abnegación.

Cuando la Maestra Ascendida Nada sirvió en la Atlántida en las artes curativas, al encarnar la ley del abogado defensor, sus iniciaciones bajo Chamuel y Caridad fueron las iniciaciones del rayo rubí que el amado Jesús manifestó, no solo en su última encarnación, sino en otras anteriores.⁵ Nada viene como iniciadora de las llamas gemelas, las almas compañeras y los miembros de la comunidad de la sangha del buda y la comunidad de Cristo.

Las iniciaciones del rayo rubí son duras. Por tanto, los Maestros Ascendidos han recomendado la asociación, de dos en dos, como Jesús envió a sus discípulos,⁶ quienes también recibieron algunas de estas pruebas. Cuando se produce la acción de salir de dos en dos, uno es el portador de la llama Alfa y el otro de la Omega, al formar un círculo de luz que no puede penetrarse, como una fortaleza inexpugnable.

La concesión de oportunidad e iniciación por parte de los Señores del Karma a las llamas gemelas tiene la finalidad de que, juntas, entren en el sendero de iniciación del rayo rubí. Por tanto, tanto si tienes compañero en el plano físico como si no lo tienes, tanto si tu llama gemela te es conocida o como si te es desconocida, es bueno llamar a los Señores de la Llama, los Santos Kumaras, para que tú y tu amado o amada reciban esas iniciaciones. Incluso los Maestros Ascendidos se involucran en el ritual iniciático del rayo rubí para demostrar en niveles cósmicos la victoria de este sendero.

Cuando llames a la llama de la Madre del rayo rubí, llama a la Maestra Ascendida Nada y, a través de ella, otras patrocinadoras de nombre desconocido vendrán. Cuando llames a la llama del Padre del rayo rubí, llama a Sanat Kumara.

Amor divino

A fin de tener más luz y tener la presencia de los arcángeles con nosotros, debemos ser vaciados para poder ser llenados. Estos dos procesos se producen en nuestro interior de manera simultánea. Día a día, al ser purificados por la llama transmutadora del Espíritu Santo, aumentamos nuestra capacidad de contener la luz del amor de Dios.

Mira la niña pequeña que acaricia su muñeca con tanta

ternura como si fuera el niño Jesús, viendo en ella a la pequeña Madre del Mundo que, en su inocencia, conoce a Dios en la forma no animada porque lo ha visto en su no forma. En esta niña pequeña se reúnen todos los misterios del rayo rubí con la sencilla y natural expresión de la vida. Si deseas amar como ella ama a su muñeca, deberás entrar en la conciencia de Dios y descubrir que la niña pequeña es el Gran Gurú que has buscado.

Visualiza el Corazón Sagrado de Jesús, el Corazón Inmaculado de María. Ve el corazón de paz del Señor del Mundo, Gautama Buda. Ve la profunda misericordia que hay en el corazón de Kuan Yin, y decide cuál será el signo de tu corazón dotado de poder por el fuego del rayo rubí y el Buda del Rayo Rubí.

Este Buda del Rayo Rubí nos enseña a dar un paso al frente, a contener la luz, a protegerla y a mantener la armonía. Él abre la senda de los Budas del Rayo Rubí en la Tierra que conduce al corazón de Sanat Kumara.

El sendero de la ascensión es el sendero de la luz blanca del cuerpo de Cristo. El cuerpo es templo, la Palabra y la enseñanza. El cuerpo es la Madre y la luz de la Madre en ti es la luz de Omega.

Por tanto, por el rayo rubí y la luz blanca, la Sangre y el Cuerpo, el Alfa, la Omega del ser, en ti se produce la fusión del sendero de aceleración para los sinceros y decididos que reconocen que ya no pueden entretenerse y derrochar los siglos, esperando, postergando la maestría sobre sí mismos. En efecto, el destino de la civilización depende de la decisión de unos pocos.

Existen otros senderos, inferiores y más lentos para subir la montaña, al permitir pasos de tiempo y espacio más amplios entre las iniciaciones, más encarnaciones y, por supuesto, sin las grandes exigencias de sacrificio y servicio por parte del yo. Pero considera cuál sería el efecto de prolongar esa cirugía que algún día debe llegar si tu alma ha de llegar a ser la plenitud del Cristo que hay en ti. Considera, pues, ¿por qué no ahora? ¿Te sientes llamado a un sendero de amor acelerado? ¿Por qué no recordar el antiguo voto? ¿Por qué no?

En cambio, puede que digas: «¿Por qué?». Y el señor del rayo del amor divino, Pablo el Veneciano, respondería:

> Mira conmigo las masas que sufren. Mira el hambre en el mundo y el desplazamiento de personas y la guerra, y mira esos caídos y su traición y su crueldad y su tortura a la vida humana de forma inmisericorde. ¿Quién invocará el juicio para atar a esos caídos? Esto debe hacerse con la ciencia de la Palabra hablada en ti. Y debe hacerse cuando decidas hacer que tu chakra de la garganta sea el instrumento de los siete chohanes de los rayos, y tu chakra del corazón y el tercer ojo y la coronilla.[7]

El rayo rubí es una intensificación del amor divino, la concentración, si quieres, del Espíritu Santo. Las enseñanzas de Sanat Kumara son las enseñanzas de la Madre Universal en el sendero del rayo rubí.[8]

Serapis Bey dice: «La iniciación del rayo rubí le llega a todo el cuerpo planetario. Nadie evitará su penetración ni su descenso por amor; y cada cual, según su reacción a la intensidad del amor, será considerado con o sin la luz de Dios en el Día del Juicio».[9]

7

El corazón de la Madre

Millones de personas en la Tierra sufren al sentirse solas, porque no conocen a la Madre Divina. Cuando el alma no se ha cuidado verdaderamente aquí en la Tierra y no recuerda los cuidados del cielo, le resulta difícil aceptar a Dios como Madre o Padre y entrar en el Sendero. Por tanto, los ángeles vienen a dar cuidados. Vienen a desvelar a nuestra vista interior la hermosa imagen de la Madonna Divina, que se preocupa por nosotros, que nos acaricia. Ante su presencia no conocemos la soledad en absoluto.

Por consiguiente, podemos consolarnos en el calor de la Virgen Cósmica, la Madre Omega, pues el Dios único es el Dios Padre-Madre. El Arcángel Miguel y los ángeles que entran en las batallas y defienden la vida, vienen en su nombre. Salen del altar del Gran Sol Central al haber recibido su bendición.

Esta es la hora de aumentar y cuidar la llama de la Madre en nuestro corazón. El Arcángel Miguel nos aconseja que recemos los rosarios que nos ha dado la Virgen María. Porque este sentimiento de ser madre de toda la vida, seamos hombres o mujeres, y el sentimiento de tener una madre, es necesario en estos momentos. Y podemos lograr este sentimiento a través del rosario diario.

En el rosario de la Nueva Era que nos ha dado la Virgen María alternamos la oración del Ave María con la contemplación de la vida y las experiencias de Jesús mientras escuchamos lecturas de la Biblia. De forma alternativa, meditamos en Dios como Madre y en Jesucristo para realizar la plenitud de esa Filiación divina dentro de nosotros. A través de la Madre y el Hijo llegamos al Padre, y en el Padre renacemos según su diseño inmaculado. El rosario, pues, sirve para equilibrar la polaridad masculina y femenina del ser.

María ha explicado que la salutación del «Ave María» es en realidad «Ave Ma-ray» o «rayo de la Madre». Es una adoración universal a Dios como Madre en los muchos seres de luz que encarnan la llama de la Madre. También es una oración para expandir y elevar la luz de la Madre dentro de nosotros.

María nos ha pedido al rezar el Ave María en esta era que dejemos de contemplar la muerte como nuestro destino, sino que afirmemos nuestra victoria sobre la muerte en la resurrección y la ascensión. Por consiguiente, nos ha pedido que recemos así:

> Ave María, llena eres de gracia,
> el Señor es contigo.
> Bendita tú eres entre todas las mujeres
> y bendito es el fruto
> de tu vientre, Jesús.
>
> Santa María, Madre de Dios,
> ruega por nosotros, hijos e hijas de Dios,
> ahora y en la hora de nuestra victoria
> sobre el pecado, la enfermedad y la muerte.

El capítulo 10 contiene uno de los rosarios de la Nueva Era de la Virgen María.

La Madre Universal

Nosotros podemos abrir nuestro corazón para que sea el cáliz de la Madre. Porque todos los avatares que nos ha precedido han llegado a ser la encarnación de la Palabra y la Palabra que estaba con Dios en el Principio, con Brahmán, es la Madre Divina.

Por consiguiente, vemos la ternura, la compasión, el calor y la enseñanza de Budas y bodhisatvas. Aunque sean masculinos en Espíritu (y quizá incluso de ese género en su última encarnación), ellos han buscado, hallado y atravesado las iniciaciones del Señor Maitreya, las iniciaciones de la Madre Divina.

Ven a conocer el corazón de la Madre universal, el rayo azul de Kali y la imagen de la Madre que se repite en la Materia como un patrón, una y otra vez. Rostros de la Madre aparecen grabados en la arena,

Madre del Mundo, Nicolás Roerich

en el vidrio, en el fuego, en la brizna de hierba por toda la eternidad. Cuando uno está dedicado a la santa voluntad de Padre, no hay donde mire sin encontrar la imagen de la Madre.

Ella está en todo lo que vive, se mueve y respira. La Madre es vida, sensible en la Materia. En las formas más elementales de la vida, la Madre está. La Madre es consciente. La Madre emite la acción para pasar la iniciación y la liberación de las energías de Dios crucificado en la Materia.

La Virgen María viene a alimentar cada aspecto de la luz de la Madre. Porque tal como los siete rayos tienen siete aspectos de la luz Crística, si todos aspiran a ser la Madre, no todos serán del mismo diseño. Hay sitio para dimensiones infinitas en la expresión de la llama de la Madre. Las mujeres, por derecho, deberían ocupar su lugar en el gobierno, en las instituciones de aprendizaje superior, en las artes creativas, en las ciencia, en el servicio y en el ritual para asumir el papel de sacerdotisas ante el altar del fuego sagrado.

A medida que cada uno de nosotros encuentra su unión mística con Dios, encontramos a la Madre, porque la llama de la ascensión es la manifestación consumada de la Madre.

La Diosa flamígera

En el centro del fuego de la Madre está su anhelo por unirse al Padre. El anhelo en el corazón de la Madre por regresar al corazón del Padre es la polaridad del cosmos, es la madeja de la creación.

Si la Materia debe finalmente unirse al Espíritu, el rayo femenino debe elevarse para la victoria de un planeta y su gente. Pero en la mayoría de las personas el rayo femenino está encerrado bajo los desechos del subconsciente, en el chakra de la base de la columna, y ahí debe residir esa energía de la Diosa flamígera vida tras vida.

La Diosa flamígera es la energía de la luz de la Madre sellada en el chakra de la base de la columna. A esta luz se la conoce como Kundalini o Diosa Kundalini. Cuando la Kundalini se despierta (a través de disciplinas espirituales o el intenso amor de Dios), comienza a ascender por la columna vertebral, penetrando en cada uno de los chakras y activándolos. Cuando el chakra de la base y la Kundalini llegan a dominarse, ambos se convierten en el recipiente de la llama de la ascensión en quien se está preparando para esta iniciación.

El chakra de la coronilla se utiliza como punto de concentración o calamita del Imán del Gran Sol Central para elevar y atraer las energías de la llama de la Madre desde la base de la columna. Este imán debe bastar para elevar esa energía de la Madre a fin de lograr la unión divina antes de la ascensión. Ello debe ser suficiente para que los chakras puedan vivificarse en los cuatro cuerpos inferiores, alimentarse y regarse en la esencia rejuvenecedora y equilibrante de la Madre.

Jesús dijo: «Sed, pues, prudentes [sabios] como serpientes, y sencillos como palomas»[1]. La sabiduría de la serpiente es la sabiduría con la que se eleva el fuego sagrado en el altar de la columna vertebral. Es de hecho la elevación de la Kundalini, que llena cada chakra con luz y produce el equilibrio del taichí universal. Esos chakras equilibrados, cuando están llenos de luz, también producen el equilibrio de los órganos correspondientes de los cuatro cuerpos inferiores. Al observar este aumento de luz, los Señores del Karma en muchos casos pueden conceder una prolongación de la vida a las almas merecedoras.

No podemos dejar a la Diosa Kundalini instalada en el chakra de la base de la columna. Debemos elevar su luz desde ese chakra hasta el loto de mil pétalos de la coronilla.

El fuego sagrado alimenta a los cuatro cuerpos inferiores. Debemos elevar el fuego serpentino desde el chakra de la base de la columna hasta el de la coronilla hasta que lo sintamos concentrado en este último, en el tercer ojo y en la base del cerebro. Y debemos mantener ahí a ese fuego, excepto en los intervalos durante los cuales el fuego sagrado desciende a la base de la columna, a veces cuando dormimos, a veces estando despiertos.

La Madre Divina vive dentro de nuestros cuatro cuerpos inferiores. Ella es, por así decirlo, nuestra Madre Diosa que nos alimenta a cada paso del camino mientras dominamos los cuatro cuadrantes y los siete chakras del ser. Por tanto, si desperdiciamos las energías del fuego sagrado de la Diosa Kundalini, ¿cómo sostendremos la poderosa antorcha de la Madre con la que podamos entrar en la espiral de la ascensión en el día y la hora de nuestra Victoria, cuando la oscuridad se haya nivelado y nuestra luz sea la manifestación plena de la Divinidad en este planeta?

Muchos seres espirituales que animan el aspecto femenino divino pueden ayudarnos en esta búsqueda.

Cuando hacemos la salutación al rayo de la Madre al recitar el Ave María estamos dando alabanzas a las energías de la Madre encerradas dentro de la llama de la cámara oculta del corazón y selladas en el chakra de la base de la columna. Con esta salutación, suave pero poderosa, día a día atraemos las energías del núcleo del fuego blanco y la base de la columna, los fuegos serpentinos de la Diosa Kundalini, hacia arriba, por el altar de la columna, para que alimenten la vida y la hagan plena en todos sus centros.

A lo largo de los siglos, el querido rosario rezado por los santos como ofrenda a la santa Madre ha sido el medio que han tenido los Maestros Ascendidos de introducir en la cultura occidental un aspecto de la ciencia practicada por los yoguis de los Himalayas para elevar la Kundalini y purificar así la conciencia. La personificación de la Madre que se hace en Occidente en María y la adoración a esa imagen de la Madre por parte de todos los que reconocen a su Hijo como el Cristo es el medio, totalmente seguro, para que el alma pueda experimentar la reunión con el Dios Padre-Madre en el tabernáculo del ser.

Sarasvati

En la tradición oriental se le puede rezar a Sarasvati, porque ella está lista para buscar con nosotros la apertura de la coronilla y ayudarnos a elevar la luz de la Diosa Kundalini. Pero nosotros debemos darle a Sarasvati un núcleo de fuego blanco amarillo y dorado; debe recibir de nosotros un deseo intenso de obtener conocimiento de Dios y conocimiento de lo que realmente está ocurriendo en la Tierra.

Durga, la consorte divina de Shiva, nos invita a que entremos en la esfera giratoria que forman Shiva y Durga para que nos eleve el poder de esa esfera que envuelve a la luz. Podemos formar parte de su Gran Cuerpo Causal y conocer la acción de la shakti de Dios dentro de nosotros.

Durga nos pide que hagamos el llamado para la derrota de la falsa jerarquía de la Madre Divina. Cuando lo hagamos, veremos elevarse al poder de la Diosa Kundalini; veremos el poder del fuego sagrado del interior; conoceremos una liberación. Y solo cuando conozcamos esa liberación entenderemos cómo se ha opuesto la falsa jerarquía de la Madre Divina al pueblo de Dios por doquier durante eones de tiempo.

Lo que gobierna al mundo es el rayo femenino, el rayo femenino en el hombre y la mujer, porque este rayo es la manifestación más elevada de luz, de orden y de la voluntad de Dios y la mente de Cristo. Por consiguiente, despertar en la columna las energías de la Madre, de la Kundalini, significa tener los recursos afianzados en la mente, en la coronilla, en los chakras superiores para cumplir nuestro destino cósmico.

El amor de la Madre

La Virgen María nos enseña que el don más sagrado de la maternidad y de la llama de la Madre que habita tanto en el hombre como en la mujer es la capacidad de dotar a la creación material de vida, luz y amor. Esto se lleva a cabo de manera consciente extendiendo el fuego del corazón, el fuego que se forma en la mente como concepto inmaculado, hacia todos los aspectos de la creación.

Este es el poder transformador de la madre: su capacidad de ver belleza en sus hijos y, al verla, sellar esa belleza en sus pequeños mediante la acción del flujo del chakra del corazón. Este es lo que significa mantener el concepto inmaculado de toda la vida y aquí es donde empieza la maternidad. Esto es un amor que mana en el corazón y que compensa las diferencias entre los defectos de los hijos y la perfección del Ser Crístico de cada cual. La distancia que existe entre las imperfecciones actuales y el logro del futuro siempre se llena con el amor del corazón de la madre.

A fin de derrocar al Cristo en el hombre-niño, los seres oscuros han querido separar al niño de la madre, al alma del

Espíritu, crear una escisión entre ese punto en el alma que está llegando a ser Dios y esa energía del Espíritu que es Padre y que debe traducirse para el alma a través de la llama de la Madre.

Los caídos se aterrorizan ante la presencia de la llama de la Madre porque saben que cuando el niño está a salvo en el abrazo de la Madre Divina, cuando el niño reconoce y reza a diario a la Madre Divina, ese niño siempre está protegido, siempre tiene la energía sustentadora del amor de una madre que llevará a cabo el plan divino y permanecerá siguiendo el rumbo de la virtud y la santidad, el honor y al nobleza.

Los caídos, pues, han planeado arrancarles a los niños del mundo la imagen de esas grandes mujeres que han representado el rayo femenino, que han concentrado la llama de la Madre. Muchos santos han vivido la plenitud de la llama de la Madre. Las mujeres en todos los campos de actividad, y sobre todo la madre que ha guardado la llama por sus hijos, han cumplido ese papel.

Existe un impulso creciente en el planeta con respecto a la verdadera comprensión de esa presencia de la Madre. Pero los caídos han creado dogmas y doctrinas, mentiras sobre quienes han realizado la virtud del rayo femenino.

Ven y entra en la llama de la Madre, porque existe un gran cable tejido desde el corazón de la Virgen Cósmica, desde el corazón de Omega, que llega hasta la Virgen María y otras emisarias del cielo que representan el rayo de la Madre, que llega hasta las personas encarnadas que están decididas a ser focos de esa llama.

El gran Tao

La esencia de la maternidad es esa vida en ti que se extiende continuamente como el Gran Tao, al mantener una red de luz en todo el planeta a través del manto de la Madre del Mundo.

El Tao significa literalmente «el Camino». Lao Tzu enseñó que el Tao es la Gran Madre que crea y alimenta todas las cosas. La traductora Ellen Chen considera el *Tao Te Ching* como

«un himno al poder y el amor del Tao como la Gran Madre».[2]
Lao Tzu dijo:

> El mundo tiene una Fuente, que es la Madre del Mundo. Yo valoro extraer el sustento del Tao de la vida, y ello no les da la espalda a ellos. Viste y alimenta a todas las cosas, pero no afirma ser maestro sobre ellas.
> Al haber conocido a la Madre, podemos conocer a sus hijos [es decir, las cosas del mundo]. Al haber conocido a sus hijos, deberíamos volver y aferrarnos a la Madre.[3]

Unirse al Tao es algo que pronto se vuelve el nuestro dharma; y ciertamente el dharma consiste en realizar el trabajo que uno tiene, la razón de ser. Todas las razones de ser legítimas nos llevan a ser el bodhisatva y el Buda. Por tanto, si no podemos justificar nuestras acciones o la forma en la que nos ganamos la vida mirando al sendero del Modo de Vida Correcto, tal como está definido en la Vía Media, es mejor encontrar otro oficio, otra ocupación.

Y si nuestro sendero espiritual encarna el fanatismo, es mejor que con una reverencia silenciosa nos marchemos a otro sitio donde la compasión sea la clave, conde las doctrinas creadas por el hombre no aten a los hombres a la superstición, a pensamientos de muerte, infierno y condenación eterna o purgatorio solo porque alguien no cree lo que algunas «autoridades» han enseñado como la última palabra, la interpretación definitiva del evangelio.

El Buda es Buda porque encarna a la llama de la Madre. El Cristo es Cristo porque ha interiorizado la llama de la Madre y la ha exteriorizado. Toda maestría sobre el plano de la Materia indica la cualidad y cantidad de llama de la Madre que se ha asimilado.

El sendero del Buda, de Sanat Kumara, de bodhisatvas y Maestros Ascendidos, es el sendero de la Madre. El sendero de la Madre conduce a la liberación del alma a través de la ascensión enseñada y demostrada a lo largo de miles de años por los avatares de Oriente y Occidente.

Nosotros podemos ver y conocer a los santos vestidos de blanco. De hecho, podemos ser un santo vestido de blanco en la Tierra mucho antes de la hora de nuestra ascensión total. Porque el aura blanca es señal de purificación, de un sendero y de la dotación de poder del alma que da la luz de la Madre Divina. Búscala, conócela y encuéntrala. Ámala y elévate con ella. Sigue a la Madre Divina hasta llegar al Origen, a tu Padre. Porque tu Padre te asiste en las cortes del cielo. Pero tu Madre se ha quedado contigo en la tierra para recuperar una enseñanza y un sendero, para vivificar, para amarte, ungirte, profetizarte, castigarte y elevarte.

8

El camino del Buda

En el budismo, las Tres Joyas en las que se refugia el discípulo (es decir, donde busca protección y ayuda) son el Buda, el Dharma y la Sangha.

El Buda es el Iluminado. La alegría del Buda mira al devoto a los ojos y contempla al Buda que ha de ser. Maitreya enseña que toda su ofrenda en el sendero del Buda es con amor/reverencia por la Madre y la carga que lleva la Madre para reclamar a los suyos, para volver a encontrarlos, para lavarlos, para darles la plenitud, para sanar su cuerpo y así preparar alimento para el alma, el cuerpo y la mente.

El gran anhelo que tiene la Madre por volver a atraer al corazón de Dios a todos los que salieron ha llegado a ser, de forma natural, la carga de todos los Budas. Y, por tanto, los Budas son los consoladores de la Madre y dan por su boca la enseñanza antigua. La Madre, pues, se convierte en la Palabra. La Madre, pues, se convierte en la encarnación de Buda y de Cristo. Porque la luz femenina que sale como shakti universal es lo que atrae y reúne otra vez las partes del alma denigradas y diezmadas.

Gautama Buda nos llama a su Shambala de Oriente y también al de Occidente. Nos llama para que volvamos al origen, a la luz del yin y yang universal, al equilibrio interior, porque no lo encontraremos en el mundo exterior o en el yo exterior. Gautama dice: «Por tanto, venid a mí, todos los que trabajáis duro

y lucháis con el karma, y os daré el descanso de la dicha del hombre oculto del corazón que YO SOY EL QUE YO SOY».[1]

Desde su corazón sale una filigrana de luz hacia cada individuo del planeta y por ese hilo de contacto fluye la vida y un alimento a la chispa divina, estableciendo la unión a través del corazón de Gautama con toda la jerarquía de la Gran Hermandad Blanca. Porque al llevar él el manto del Señor del Mundo, a través de su corazón nosotros entramos en contacto con seres cósmicos, los Elohim, el centro del Gran Sol Central, hasta que seamos capaces de hacerlo mediante el desarrollo del chakra de nuestro corazón y el equilibrio de la llama trina que hay en él de poder, sabiduría y amor.

El Buda es la divinidad en desarrollo dentro de nosotros, el capullito sobre el tallo de la vida que resplandece a la luz del sol de fuego blanco, que abre la corriente del despliegue eterno en el capullo hasta que al fin la flor sobre el tallo y el perfume atraen también a otros a entrar en sendas de inmortalidad, de Realidad, de los lazos de perfección que ciñen al mundo con fuerza.

El flujo de energía cósmica que refuerza a la luz en ti es el Buda. Cuando le damos la mano al Buda, sentimos el flujo eléctrico llenar la conciencia, reforzando la percepción Divina. Toda la iniciación de la luz búdica y de llegar a ser el Buda consiste en tener el valor, como la quinta perfección búdica de la Ley, de darle la mano al Buda. Mira al niño pequeño que le da la mano a la madre y al padre. El niño sabe lo que muchos han olvidado, que el camino de la vida es cruel, los escalones son desiguales, que hay piedras y peligros en la senda. El niño sabe que en el camino debe darle la mano al padre y a la madre. El niño está seguro en la luz búdica.

Así, deja que la vida sea santa y conservarás el sendero del Buda. Deja que la vida sea sagrada y pon primero lo que cuenta: establecer el rumbo del barco, seguir la brújula, observar el viento, el mar, el sol y las estrellas. Que tu vida sea una alquimia que funda los elementos de la Madre y del Buda y de todo el Espíritu de las huestes ascendidas de luz que refuerzan a Alfa y Omega. Todo esto se resume así: no temas darle la mano a la Madre; no temas darle la mano al Buda.

El Dharma es la enseñanza, pero es la enseñanza encarnada. Cuando los Maestros Ascendidos hablan del Dharma, se están refiriendo a la Presencia del Buda mismo que todo lo abarca, cuya vida es una emanación de la enseñanza. Nosotros también podemos llegar a ser el Dharma vivo cuando encarnamos la enseñanza. Entonces el Dharma se ve como el deber que uno tiene de ser el Yo superior de uno mismo. El Yo superior de uno mismo es el Buda. Por consiguiente, cuando uno encarna de verdad el Dharma, uno encarna al Buda.

El Dharma es nuestro sendero, nuestra enseñanza, nuestra vida. El Dharma lo realizamos en la Sangha. La Sangha es la comunidad de discípulos que no solo rodean al Buda, sino que son la extensión lógica y amorosa de su aura en la octava física. Mientras refuerzan el discipulado unos de otros, ayudan a cumplir la misión especial del Buda en beneficio de la vida.

La meta de la Sangha es la de encarnar la *totalidad* del Dharma, igual que la meta de cada individuo es la de encarnar el Dharma *parcialmente* hasta que él mismo se perfeccione. Los corazones unidos en amor sobre el sendero del discipulado, familias, niños, discípulos, todos forman parte de la Sangha del Buda.

El Sendero Óctuple

El Noble Camino Óctuple del Buda Gautama, o la Vía Media, se corresponde con los siete rayos, los siete chakras y el chakra del octavo rayo, la cámara secreta del corazón.

El primer precepto del Noble Sendero Óctuple es la Comprensión Correcta o Conocimiento Correcto. Esto corresponde al primer rayo de la voluntad de Dios, el poder de Dios y el chakra de la garganta. Cuando con fe nos dedicamos al sendero de la voluntad de Dios, aprendemos la comprensión correcta y el conocimiento correcto de sus leyes.

El primer precepto es una base necesaria para el segundo, el Pensamiento o la Aspiración Correcta. Correspondiente al segundo rayo de la sabiduría de Dios y al chakra de la coronilla, el segundo precepto se logra a través de la maestría del primero. Las iniciaciones de la sabiduría solo pueden superarse mediante el Pensamiento y la Aspiración Correcta, puesto que estos están basados en la poderosa roca de la comprensión Búdica y Crística y el autoconocimiento de la voluntad de Dios.

El tercer precepto es el Hablar Correcto, que se corresponde con el tercer rayo del amor de Dios y el chakra del corazón. Del corazón mana la vida y por amor debemos dominar el Hablar Correcto, pues solo el amor puede ser el instrumento del Hablar Correcto.

El cuarto precepto es la Acción Correcta o el Comportamiento Correcto. Esto se corresponde con el cuarto rayo de la pureza de Dios y el chakra de la base de la columna. Debemos traducir la pureza de la motivación en la Acción Correcta, sometiéndonos también a la Gran Ley.

El quinto precepto es el Medio de Vida Correcto, que se corresponde con el quinto rayo de la verdad de Dios y el chakra del tercer ojo. El Medio de Vida Correcto se basa en la aplicación de los otros siete preceptos mediante la ciencia y la religión. El Medio de Vida Correcto está bien solo cuando estamos centrados en la verdad. Tu Medio de Vida Correcto viene de tu visión pura y ver de una manera pura quién eres y cuál es el destino de tu alma en esta vida.

El sexto precepto es el Esfuerzo Correcto, que se corresponde con el sexto rayo de la ministración y el servicio de Dios y el chakra del plexo solar. El Esfuerzo Correcto implica el servicio mutuo, la ministración a la vida, el cuidado mutuo. Cuando lo que te motiva es cuidar de la vida, tu esfuerzo siempre será bueno.

El séptimo precepto es la Atención Correcta, que se corresponde con el séptimo rayo de la libertad de Dios y el chakra de la sede del alma. El séptimo rayo es un rayo de transmutación mediante la llama violeta, de justicia y misericordia en la Iglesia y el Estado. Es un rayo de libertad y ritual en la religión, así como en la ciencia, que tiene su aplicación en los demás campos de aprendizaje y actividad. Cuando tu meta y tu motivación es la libertad, cuando tu libre albedrío está unido a la voluntad de Dios, cuando das a los demás su libertad según la ley, tienes la atención correcta porque el libre albedrío es la base del Sendero Óctuple. Solo la mente libre puede tener la atención correctamente puesta en la mente de Dios.

Finalmente, el octavo precepto del Sendero Óctuple es la Concentración Correcta o Absorción Correcta, que se corresponde con el octavo rayo de la integración, simbolizado en la figura en forma de ocho y el chakra del octavo rayo, la cámara secreta del corazón. Logramos la Concentración Correcta en el Buda interior, la Absorción Correcta de y por el Buda interior y la Integración Correcta con el Buda interior a través del equilibrio y la expansión de la llama trina afianzada en la cámara secreta del corazón.

Más allá de los siete rayos, el octavo es el plano de la dicha. Gracias a este octavo rayo del Buda y la Madre existe integración de los mundos ígneos de arriba y los mundos ígneos de abajo. El Maha Chohán es el chohán del octavo rayo e instructor de los siete chohanes, porque el octavo rayo integra la maestría de los siete a través de la llama trina. El Arcángel Uziel, cuyo nombre significa «fortaleza de Dios», es el arcángel de este rayo. Este arcángel viene para que conozcamos nuestra identificación con Dios, para que conozcamos la multiplicación del fuego de nuestro corazón a fin de poder llevar a niveles más altos del cosmos a muchos hijos y muchas hijas de Dios.

El símbolo del ocho es el signo que augura el equilibrio del yo superior e inferior y el intercambio cósmico entre la esfera superior de la Individualidad, el Cristo Cósmico, y la esfera inferior que es el alma que entra día a día, incremento a incremento, a la Presencia YO SOY. Al tomar el sendero paso a paso a través de los siete rayos, a través del octavo rayo, que es la transición hacia los cinco rayos secretos, uno puede prepararse para ver a Dios cara a cara.

El proceso de integración es el flujo de la armonía Divina de los elementos del ser en una única identidad fundida en Dios. Cuando las energías del individuo empiezan a discurrir según el flujo del Buda y la Madre, todos los elementos del yo fluyen, como cuando el agua de los ríos septentrionales, al derretir su hielo en primavera, empieza a correr con grandes trozos de hielo y, al discurrir, estos se rompen y la velocidad de las aguas lleva el impulso, la intensidad y el movimiento.

Por tanto, el flujo de la vida trae consigo todo lo que se ha acumulado en las cuatro estaciones. Y el momento de la primavera es cuando el fuego de la resurrección dirige y dicta el momento del flujo para la integración.

Por consiguiente, el movimiento de las aguas interiores del alma trae consigo la hora en la que todo debe llegar a una resolución, porque los desechos, los bloques de hielo y todo lo que baja por el canal de la conciencia debe transmutarse. Porque en el momento en el que el flujo llega al nexo de la figura en forma de ocho, que es la cruz cósmica de fuego blanco, en ese momento solo la corriente clara como el cristal del agua del Río de la Vida puede pasar. Y si hubiera desechos no transmutados, bloquearían el orificio y detendrían temporalmente el flujo de esa fusión del corazón de un alma con el corazón de Dios.

Somos cocreadores con el Gran Alquimista de la vida y, por tanto, la llama dentro de nosotros ha ordenado que dotemos a la vida de Espíritu.

¿Cómo dotamos a la vida de una llama? Del mismo modo en que damos alegría, flujo, risa y amor aquí abajo. Hemos visto a la alegría contagiarse como una llama en los rostros de niños y seres queridos, tal como hemos visto la tristeza, la oscuridad, el pesimismo y la locura producir ese cataclismo de tristeza para seres queridos.

Así, ya somos científicos en el laboratorio de la vida y estamos familiarizados con los usos de la energía, la manipulación y el control, tanto por nosotros mismos como sobre nosotros mismos. Para ser científicos a lo largo de ese camino real de reintegración, hay que emplear la acción del octavo rayo del Buda, pues es una integración del flujo de las energías de Espíritu a Materia. Al entrar el Espíritu en la Materia, aquel le da a esta el ímpetu para elevarse y volver al Espíritu y, por tanto, el movimiento es la clave de la ciencia interior.

Los Cinco Budas Dhyani

Tal como los siete rayos son los rayos exteriores de la percepción Crística, los cinco rayos secretos son la percepción interior en el núcleo de fuego blanco del ser. Los Cinco Budas Dhyani: Vairóchana, Akshobhya, Ratnasambhava, Amitabha

y Amoghasiddhi son los grandes seres cósmicos de las alturas estelares que nos dan las iniciaciones de los cinco rayos secretos.

Estos rayos son la energía y el poder del núcleo de la vida, el núcleo del átomo, el núcleo de nuestro corazón. Son las fundas del núcleo interior de fuego blanco del átomo. Son el centro y la esencia del fuego primordial dentro de nosotros y son el poder secreto para la creación, así como la procreación.

Los budistas tibetanos creen que el Adi-Buda, el ser más elevado y primordial, creó a los Budas Dhyani con sus poderes de meditación. La palabra *Dhyani* se deriva del sánscrito *dhyana*, que significa «meditación». Los Budas Dhyani también se denominan *Jinas* («vencedores» o «conquistadores»). No son figuras históricas, como el Buda Gautama, sino seres trascendentes que simbolizan los principios o fuerzas divinas universales. Los Budas Dhyani representan varios aspectos de la conciencia iluminada y son grandes sanadores de la mente y el alma. Son nuestros guías para la transformación espiritual.

Tradicionalmente cada Buda Dhyani está asociado con ciertos atributos y símbolos. Cada uno encarna una de las cinco sabidurías, las cuales son el antídoto de cinco venenos mortales que suponen un peligro supremo para el progreso espiritual del hombre y lo mantienen atado a la existencia mundanal. Los budistas enseñan que los Budas Dhyani son capaces de transmutar los cinco venenos en sus sabidurías trascendentes. El libro tibetano de los muertos recomienda que el devoto medite en los Budas Dhyani para que sus sabidurías sustituyan a las fuerzas negativas que él ha permitido que se asienten en su interior.

Cada Buda gobierna sobre una de las direcciones del espacio y uno de los reinos cósmicos de éter, agua, tierra, fuego y aire. Los Budas Dhyani también personifican a los cinco *skandhas*, componentes de la existencia cósmica, así como al personalidad humana. Estos componentes son conciencia, forma, sentimiento, percepción y volición.

Además, cada Buda Dhyani está asociado a un color específico, a un *mudra* (gesto de la mano), un animal simbólico que soporta su trono, un símbolo sagrado y una *bija* (sílaba semilla). La bija representa la esencia del Buda Dhyani y puedes utilizarla con la sílaba sagrada *Om* y el nombre del Buda para crear un mantra. Un *mantra* está definido por una serie de sílabas místicas que poseen un significado esotérico. En el hinduismo y el budismo los discípulos recitan mantras para evocar el poder y la presencia de un ser divino.

«Al repetir el *mantra* y asumir el mudra de algún Buda —escribe el monje e instructor budista Sangharakshita— uno puede no solo colocarse en correspondencia o alinearse con el orden específico de realidad que él personifica, sino también llenarse de su poder trascendente».[2]

El nombre *Vairóchana* significa «aquel que es como el sol» o «el ser radiante». Vairóchana representa o bien la integración de los Budas Dhyani o bien su origen. Su sabiduría es la Sabiduría del Dharmadhatu. El Dharmadhatu es el Reino de la Verdad, en el cual existen todas las cosas tal como son en realidad. Su sabiduría también se denomina Sabiduría Omnipenetrante del Dharmakaya. El Dharmakaya es el Cuerpo de la Ley o la naturaleza absoluta de Buda. El Dharmakaya es el término que identifica al cuerpo causal.

Vairóchana suele ubicarse en el centro de los mandalas de los Budas Dhyani. Según algunos textos, Vairóchana está colocado en el este. Su color es el blanco (o azul), símbolo de una conciencia pura. Gobierna el elemento del éter y encarna el skandha de la conciencia. Su mudra es el *dharmachakra,* que es el gesto de dar enseñanza, definido como el girar la rueda de la Ley. (Existen muchas variaciones de este mudra. Una forma que utilizan los tibetanos consiste en poner las manos a la altura del corazón. La palma derecha está hacia fuera y la izquierda hacia dentro. El pulgar y el índice de la mano derecha forman un círculo y un segundo círculo lo forman el pulgar y el índice de la mano izquierda. Los dos círculos se tocan en la punta de los pulgares e índices).

Debido a que encarna la sabiduría de todos los Budas, la bija de Vairóchana es el sonido universal *Om*. Su mantra es *Om Vairóchana Om.*

Akshobhya significa «inamovible» o «firme». La Sabiduría Reflejante de Akshobhya refleja todas las cosas con tranquilidad y sin crítica, y revela su verdadera naturaleza. Un texto dice: «Tal como uno ve su reflejo en un espejo, el Dharmakaya se ve en el Espejo de la Sabiduría».[3]

En el mandala de los Cinco Budas Dhyani, Akshobhya está colocado habitualmente en el este (parte inferior), pero a veces se lo ubica en el centro. Su color es el azul. Gobierna el elemento agua y personifica el componente de la forma. En algunos sistemas se lo asocia con el skandha de la conciencia.

Su símbolo es el *vajra,* también llamado rayo o cetro diamantino. El vajra denota iluminación, la naturaleza indestructible y adamantina de la conciencia pura o la esencia de la Realidad. En algunas tradiciones, el vajra significa la unión del hombre con el Buda; un extremo del vajra simboliza el reino macrocósmico del Buda y el otro, el reino microcósmico del hombre.

El mudra de Akshobhya es el *bhumisparsha,* que es el gesto de tocar la tierra y denota firmeza. (La punta de los dedos de la mano derecha tocan el suelo o los dedos están suspendidos con la mano apoyada en la rodilla derecha, con la palma hacia abajo). Este es el mudra que utilizó el Buda Gautama para convocar a la Tierra como testigo de su derecho a la iluminación cuando Mara, el Malvado, lo desafió. La bija de Akshobhya es *Hum* y su mantra es *Om Akshobhya Hum.*

Ratnasambhava significa «el ser nacido de una joya» u «origen de las joyas», el Buda, el Dharma y la Sangha.

Los budistas tibetanos enseñan que, con la Sabiduría de la Igualdad, uno ve todas las cosas con imparcialidad divina y reconoce la igualdad divina de todos los seres. Uno ve a todos los seres y al Buda como que tienen la misma naturaleza.

Ratnasambhava es el Buda Dhyani del sur. Su color es el amarillo, el color del sol en su cénit. Gobierna sobre el elemento de la tierra y encarna el skandha del sentimiento o la sensación. Ratnasambhava a veces está representado sosteniendo un símbolo, *ratna* (joya) o *chintamani* (joya que cumple deseos y concede todos los deseos correctos). El mudra de Ratnasambhava es el *varada,* que es el gesto dar o gesto de caridad y que lo representa ofreciendo compasión y protección a sus discípulos. (La palma de la mano derecha está hacia arriba y la mano inclinada hacia abajo). Su bija es *Tram* y su mantra es *Om Ratnasambhava Tram.*

Amitabha significa «luz infinita». Con la Sabiduría Discriminatoria de Amitabha, el discípulo discierne a todos los seres separados, pero conoce a cada ser como una expresión individual del Uno.

En el mandala de los Budas Dhyani, Amitabha está posicionado en el oeste. Su color es el rosa, el color del sol poniente. Gobierna sobre el elemento fuego y personifica el skandha de la percepción.

El símbolo de Amitabha es *padma* o loto. En el budismo, el loto puede simbolizar muchas cosas, incluyendo el desarrollo espiritual, la pureza, la verdadera naturaleza de los seres realizados a través de la iluminación y la compasión, la forma purificada de la pasión.

Su mudra es el *dhyana* (meditación). (Manos sobre el regazo, palmas hacia arriba, mano derecha sobre la izquierda). La bija de Amitabha es *Hrih* y su mantra es *Om Ammitabha Hrih*.

Amoghasiddhi significa «conquistador todopoderoso» o «aquel que logra infaliblemente su meta». La Sabiduría que Todo lo Logra de Amoghasiddhi o Sabiduría de la Acción Perfecta confiere perseverancia, un juicio infalible y una acción certera.

Amoghasiddhi es el Buda Dhyani del norte. Su color es el verde, indicando el sol del mediodía. Gobierna sobre el elemento aire y encarna el skandha de la volición, también llamado skandha de los fenómenos mentales o tendencias de la mente. Su símbolo el *vishvavajra* o doble *vajra*. Está compuesto de dos vajras cruzados y simboliza la comprensión más elevada de la verdad y el poder espiritual de un Buda.

El mudra de Amoghasiddhi es el *abhaya*, gesto de intrepidez y protección. Mano derecha levantada a la altura del hombro con la palma hacia adelante). La bija de Amoghasiddhi es *Ah* y su mantra es *Om Amoghasiddhi Ah*.

Mantras a los Cinco Budas Dhyani

¡OM VAIROCHANA OM!
Inúndanos con
la Sabiduría Omnipenetrante del Dharmakaya,
mi poderosa Presencia YO SOY.
¡Con el fuego sagrado consume en mí
el veneno de la ignorancia!

¡OM AKSHOBHYA HUM!
FInúndanos con la Sabiduría Reflejante.
¡Con el fuego sagrado consume en mí
el veneno de toda
la ira, el odio y la creación de odio!

¡OM RATNASAMBHAVA TRAM!
Inúndanos con la Sabiduría de la Igualdad.
¡Con el fuego sagrado, consume en mí
el veneno del
orgullo espiritual, intelectual y humano!

¡OM AMITABHA HRIH!
Inúndanos con la Sabiduría Discriminatoria.
¡Con el fuego sagrado consume en mí
el veneno de las pasiones:
todas las ansias, la codicia, la avaricia y la lujuria!

¡OM AMOGHASIDDHI AH!
Inúndanos con la Sabiduría que Todo lo Logra,
la Sabiduría de la Acción Perfecta.
¡Con el fuego sagrado consume en mí
el veneno de la envidia y los celos!

¡VEN, VAIROCHANA! ¡VEN, AKSHOBHYA!
¡VEN, RATNASAMBHAVA!
¡VEN, AMITABHA! ¡VEN, AMOGHASIDDHI!

OM HUM TRAM HRIH AH

OMMMMMMMMMMMMMMMM

La bondad de Maitreya

Con la Madre Divina, los Cinco Budas Dhyani, Maitreya y los Instructores del Mundo estudiamos el arte de la bondad, tanto humana como divina, como una ciencia que lo abarca todo. Ello incluye la sanación. Ello incluye la enseñanza. Ello incluye servir para liberar a toda la vida de las ilusiones del maya y del karma.

Esta bondad también incluye separar lo Real de lo irreal

dentro de la psique humana, lo cual requiere cierta consideración, cierta actitud sin crítica ni enjuiciamientos hacia la vida. Permanecer sin críticas hacia los compañeros discípulos en el Sendero mientras discernimos el error de sus caminos, teniendo en cambio el valor de ofrecer palabras amables para la autocorrección, es el don de la bondad de Maitreya. Una cosa es tener la discriminación del Cristo, conocer lo Real y distinguirlo de lo irreal, así como conocer la diferencia entre el bien y el mal relativos, pero otra cosa muy distinta es transmitir el amor que separa la paja del trigo sin herir al alma.

La Escuela de Misterios de Maitreya es conocida como el Lugar de los Grandes Encuentros y el mayor encuentro que puede esperar un discípulo del Cristo Cósmico es el encuentro con Maitreya. Y el mayor resultado que uno puede tener a partir de ese encuentro es comprender que el Cristo de Maitreya es el Yo Real de uno mismo. ¿Por qué?

En la jerarquía de la Gran Hermandad Blanca, Maitreya ocupa el cargo de representante del Cristo Universal o Cósmico. Ese Cristo individualizado no es otro que nuestro Santo Ser Crístico. Por tanto, cuando nos encontramos con Maitreya vemos personificada en él, más que en ningún otro maestro, la imagen exacta de nuestro Santo Ser Crístico, que al fin y al cabo es nuestro Yo Real. Por el contrario, cuando contemplamos a nuestro Santo Ser Crístico cara a cara, vemos la imagen de Maitreya reflejada en esta nuestra individualización de la llama Divina.

Por consiguiente, cuando encarnamos los mismos deseos, los mismos anhelos, la misma compasión, la misma bondad que Maitreya encarna es cuando podemos comprender mejor que el Cristo de Maitreya es el Cristo de nuestro Yo Real.

Puesto que la virtud principal de Maitreya es la bondad, si queremos ser sus chelas, la bondad y el interés hacia los demás es lo que debemos encarnar. Y debemos tomar la espada de Maitreya para aniquilar a ese «morador del umbral» desagradable e insensible que tenemos en nosotros mismos, así como a las fuerzas opuestas al Buda y al Cristo en el mundo. La bondad de Maitreya tiene dos aspectos: el yin, que es la cualidad de la sensibilidad hacia las necesidades de toda la vida y la de darse a uno mismo para satisfacer esas necesidades, y el yang, que es la presencia constante y equilibrada de la armonía que permite la maestría Divina, mediante la cual podemos responder a esas necesidades de una forma práctica y compasiva.

La bondad de Maitreya no solo incluye la bondad práctica humana que ve la necesidad de un hermano y la satisface, sino que la encarna y va más allá. La bondad de Maitreya te enseña a pasar a una percepción Crística con la que te interesas más por la unión de tu alma con el Yo eterno que por las comodidades materiales que tengas tú o tenga otra persona. Es entonces cuando podrías a tu vez ser capaz de interesarte por la salvación final del alma de un planeta.

Desde los sencillos actos de bondad al ayudar a otras personas, pasamos a una bondad que conduce a la liberación del alma del yo irreal con todos sus deseos.

Siempre que, en nombre de la bondad humana, continuemos satisfaciendo al yo irreal, estaremos de hecho privando a nuestra alma de la verdadera experiencia con la bondad de Maitreya.

El amor de Maitreya es un interés por cada alma, por el perfeccionamiento de nuestro sendero y por nuestra percepción de aquellos confines de la mente de Dios que se encuentran poco más allá de nuestra conciencia actual. A Maitreya, pues, lo conocemos en la bondad expresada primero por nosotros. Luego, la corriente de regreso de esa bondad expresada por otra persona revelará una de sus millones de sonrisas a través del amigo, a través de los bondadosos de la Tierra, los sabios que saben que la bondad verdadera se halla en el acto del que se ha interesado lo suficiente para ganarse la llave que abre la puerta hacia cámaras sucesivas del retiro de Maitreya.

El sendero del Bodhisatva

Un bodhisatva es un «ser de bodi» o «iluminación» que está destinado a ser un Buda, pero que ha renunciado a la dicha de nirvana haciendo un voto para salvar a todos los hijos de Dios. Geshe Wangyal define *bodhisatva* como:

> «Progenie del Conquistador». Alguien que ha prometido alcanzar la iluminación en beneficio de todos los seres vivientes. El término bodhisatva se refiere a aquellos de muchos niveles: desde los que han generado una aspiración por la iluminación por primera vez hasta aquellos que ya han entrado en el sendero del bodhisatva, que se desarrolla a través de las diez etapas y culmina en la iluminación, el logro del estado Búdico.[4]

Kuan Yin es una de las bodhisatvas más queridas de Oriente, conocida como la Diosa de la Misericordia. El nombre Kuan Shih Yin, como se la llama a menudo, significa literalmente «aquella que se interesa, mira y escucha el sonido del mundo». Según la leyenda, Kuan Yin estaba a punto de entrar en nirvana, pero se detuvo en el umbral cuando los gritos del mundo llegaron a sus oídos.

Detengámonos también nosotros en el umbral entre la tierra y el cielo, y practiquemos un sendero hacia lo eterno del Cristo Cósmico a través de la misericordia y la compasión de Kuan Yin, extendida desde nuestro corazón hacia todas las partes de la vida.

La expresión de la bondad del Buda puede poner a prueba nuestra discriminación Crística a todas horas, y esta es una prueba que debemos estar dispuestos a superar. La recitación de los Diez Votos de Kuan Yin como expresión de nuestros deseos píos es una práctica que ayuda a alcanzar esa meta. Estos deseos deberían llenarnos como una cena navideña. No debería quedar sitio para nada después del postre. Estos votos deben ser todo lo que deseemos, y todo lo que deseemos debe contener a estos votos. Lograr esto es el estado supremo de maitri, el estado bondadoso

Kuan Yin

y el primero de los cuatro estados sublimes en el budismo. El deseo de contraer matrimonio, tener una familia y formar un hogar, de tener una carrera profesional o de prestar servicio en una comunidad, todos ellos pueden ser deseos legítimos basados en la posición que uno ocupe en la escalera iniciática. Pero no olvides evaluar las cosas para ver cuándo uno de esos deseos (o la forma en la que uno los satisface) se convierte en una digresión que te aparta del nivel legítimo de aceleración en el sendero espiritual.

Incluso los deseos sanos pueden volverse obstáculos cuando permitimos que nuestra felicidad dependa de esa satisfacción externa del deseo. Los deseos del devoto expresados en los Diez Votos de Kuan Yin no solo nos colman por completo, sino que también satisfacen al alma. Cuando se realizan, estos votos dan mucho más de lo que está escrito en papel, pues lo abarcan todo.

Estos votos incluyen la autorrealización Divina de todas las metas expuestas en las Enseñanzas de los Maestros Ascendidos, como el servicio a niveles internos y externos con nuestra llama gemela y la realización de ese sendero muy especial de Cristeidad personal con los señores de los siete rayos.

Nosotros, chelas, nos aferramos (a menudo de forma inconsciente) a un destino de deseos desechados, telarañas y cosas almacenadas en el ático o en el sótano, en vez de revisarlas en el momento. Si no procesamos lo que hemos hecho durante el día, las ideas del día, las energías del día, todos los días, dejaremos acumulaciones de pensamientos y sentimientos irresueltos que se irán apilando en el subconsciente como viejos periódicos. Estos registros nos quitan el agua fresca y chispeante de la Vida que desciende a través del cordón cristalino desde nuestro Yo eterno.

Por eso sirve de ayuda recitar los votos de Kuan Yin como mantras, afirmando nuestro deseo y después haciendo que nuestro deseo sea nuestro voto de ser, de hacer y de trascender al fin la matriz del yo inferior. Los votos de Kuan Yin expresan nuestras esperanzas más grandes y lo mejor de nuestros esfuerzos. Esto es lo que queremos de verdad en la vida.

Al ser amables con nuestro Yo Real de este modo, daremos la bondad suprema a cada parte de la vida. Al ser nosotros nuestro Yo Real, ayudaremos a cada alma, roca, árbol, hoja y brizna de hierba a realizar su matriz divina.

Los votos son anclas que echamos a las profundidades de nuestra Mente Superior. Después, cuando las tormentas de la vida rujan y los pensamientos y sentimientos del pasado emerjan para llevarnos consigo acá o allá, el voto y el mantra nos mantendrán fieles a nuestra determinación interior.

Nuestros votos nos dan la capacidad de cumplir la bondad de Maitreya cada día. Con ellos nos estaremos convirtiendo en la llama viva de Maitreya allá donde nos encontremos.

Los votos de la bodhisatva Kuan Yin son especialmente útiles porque nos llevan por el sendero del ideal del bodhisatva, el cual conduce a la unión con el Buda Maitreya.

Kuan Yin admite como discípulos suyos personales a quienes están dispuestos a hacer estos Diez Votos como preparación para su discipulado con los Instructores del Mundo, Jesús y Kuthumi. Porque deberás encarnar cierto porcentaje medido de tu Santo Ser Crístico antes de poder ser aceptado como chela del Buda Maitreya o del Buda Gautama.

Los Diez Votos de Kuan Yin

1. *Deseo / hago el voto de conocer con rapidez todo el dharma.*
   NA-MO TA PEI KUAN SHIH YIN
   YÜAN WO SU CHIH I CH'IEH FA

2. *Deseo / hago el voto de alcanzar pronto el ojo de la sabiduría perfecta.*
   NA-MO TA PEI KUAN SHIH YIN
   YÜAN WO TSAO TE CHIH HUI YEN

3. *Deseo / hago el voto de salvar con rapidez a todos los seres existentes.*

NA-MO TA PEI KUAN SHIH YIN
YÜAN WO SU TU I CH'IEH CHUNG

4. Deseo / hago el voto de lograr pronto el método bueno
y conveniente que conduce a la iluminación.

NA-MO TA PEI KUAN SHIH YIN
YÜAN WO TSAO TE SHAN FANG PIEN

5. Deseo / hago el voto de subirme con rapidez
a la barca de prajna.

NA-MO TA PEI KUAN SHIH YIN
YÜAN WO SU CH'ENG PO JU CH'UAN

6. Deseo / hago el voto de trascender pronto el «mar amargo».

NA-MO TAE PEI KUAN SHIH YIN
YÜAN WO TSAO TE YÜEH K'U HAI

7. Deseo / hago el voto de lograr con rapidez la buena disciplina,
la estabilidad de la meditación y el Camino del Buda.

NA-MO TA PEI KUAN SHIH YIN
YÜAN WO SU TE CHIEH TING TAO

8. Deseo / hago el voto de escalar pronto la montaña de nirvana.

NA-MO TA PEI KUAN SHIH YIN
YÜAN WO TSAO TENG NIEH P'AN SHAN

9. Deseo / hago el voto de comprender con rapidez
lo incondicionado.

NA-MO TA PEI KUAN SHIH YIN
YÜAN WO SU HUI WU WEI SHE

10. Deseo / hago el voto de unirme pronto al Dharmakaya.

NA-MO TA PEI KUAN SHIH YIN
YÜAN WO TSAO T'UNG FA HSING SHEN

9

Cómo conectarte con un Maestro Ascendido como tu Gurú

El sendero que enseñan los Maestros Ascendidos no conlleva una conversión repentina para después descansar con tranquilidad el resto de tus días. Se trata de un sendero por el que se anda a diario, paso a paso, hacia la ascensión. La llama trina de todos los corazones unidos a través de las iniciaciones de la ascensión es la fortificación de la Hermandad ascendida en la forma y la no forma. Allá donde hay un Maestro Ascendido, allá donde hay un chela de ese maestro trabajando con su luz y comprometido con el sendero de las disciplinas de la ascensión, allí está la presencia de la Hermandad intacta, alegre y gozosa con el flujo de la espiral en forma de ocho que conecta la realidad de todos los mundos.

Este lazo del corazón con los Maestros Ascendidos puede fortalecerse a diario, hasta que sientas que tu Gurú está contigo en tu corazón en todo momento del día y de la noche. Medita en el Maestro Ascendido de tu elección hasta que sientas un amor por él que arde en tu corazón. Este fuego de la devoción a través de la oración y la meditación en las enseñanzas de tu amigo más querido, este envío del amor, es una multiplicación del amor.

¿Y qué es este amor? Es gratitud. Es consideración. Es misericordia. Son todas las corrientes que fluyen y se convierten en la corriente confluente del amor único. Esto es el ejercicio del corazón. Esto lo puedes hacer con cada Maestro Ascendido. Y podrás contactar a los corazones de las personas de la Tierra con el mismo rayo de amor.

Al establecer y sustentar con este amor ardiente el lazo del corazón con el Maestro Ascendido de tu elección, has de saber que mientras exista el ardor, este tendrá un propósito doble: primero, consumir los deshechos de la sustancia no cualificada por el amor en tu templo y mundo; segundo, ayudarte a enviar ese amor por tu Gurú hacia otras personas para su sanación y para satisfacer cualquier necesidad.

Quizá haya varios maestros que tengan más importancia para ti, como El Morya, Saint Germain, la Virgen María, el Señor Lanto, Kuan Yin, el Arcángel Miguel. Conviene entender que, aunque tienes el apoyo de muchos, hay un maestro que te vigila de una forma especial.

Cuando lo visualizas, cuando tienes imágenes suyas, cuando le escribes y sientes la devoción interior que dice: «Estoy aquí y te sirvo porque te amo y sé que tú me ayudas», ese maestro entonces adquiere una gran realidad. Un profundo consuelo surge, y ya no hay sentimiento de soledad. Es un desarrollo producido por la confianza. Tú das esa confianza porque a ti te toca proporcionar la conexión, como en un mantra, como en el Ave María, a través del cual desciende la luz. Esa es la esencia del principio de los mantras y las oraciones. Tú despejas el camino y la luz desciende.

A este maestro le cuentas todos los secretos, los pensamientos íntimos de tu corazón, y lo haces buscando desarrollar un lazo, que es un lazo sustentado por tus decretos y tu devoción, pero también por tu comunicación. Si dejas de hablar con tus amigos, pierdes el contacto, ¿verdad? Es como si las aguas te alejaran de ellos. Una amistad necesita alimentarse.

Este lazo es un flujo en forma de ocho de patrocinio que la Gran Hermandad Blanca nos da cuando nos comprometemos con ella. Podemos tener este lazo incluso antes de haber transmutado apenas cualquier karma. Es un lazo de bhakti yoga, de devoción, de servicio. Es un lazo de discipulado. Es un lazo por ser amigo y hermano. Es un lazo para buscar la encarnación del Cristo.

A fin de fortalecer este lazo del corazón y tejer este hilo de contacto, he aquí como ejemplo una meditación que puedes hacer a diario:

1ᵉʳ paso
Protege el corazón

Los adeptos nos aconsejan que «protejamos el corazón», por lo cual siempre empezamos a meditar sobre el corazón con llamados de protección. Puesto que el corazón es un cáliz muy delicado que contiene la llama ardiente y sagrada de Dios, debemos protegerlo contra las ondas de choque producidas por la discordia, la tensión o nuestros estados de ánimo y nuestras emociones.

Empieza pidiendo a Dios y al Arcángel Miguel un escudo de fuego azul de protección. Entonces visualiza una esfera azul de energía protectora en torno a tu corazón al tiempo que dices la siguiente oración:

> En el nombre del YO SOY EL QUE YO SOY, Dios Todopoderoso, pido una poderosa esfera azul de energía protectora alrededor del corazón. Pido la máxima protección del Arcángel Miguel y el primer rayo. Pido que el corazón sea sellado de una forma intensificada en fuego azul, en una red de luz que es el diseño original de mi corazón: mi corazón físico, mi chakra del corazón, la cámara secreta y la llama trina.
>
> Amada poderosa Presencia YO SOY, amado Santo Ser Crístico, amado Jesús, intensificad ahora la imagen divina original de mi Cristeidad dentro de mi poderosa llama trina.
>
> A ti te llamamos, amado Arcángel Miguel, para que protejas los recipientes del corazón en los muchos niveles del ser mientras me preparo para recibir una luz y un equilibrio más grandes. Libera a todos los que son devotos de la luz de todo lo que impide o quiere impedir la intensificación de la llama trina del corazón.

Ahora haz un decreto al Arcángel Miguel como el que ofrecemos a continuación. Al hacerlo, visualiza al Arcángel Miguel como un hermoso y poderoso arcángel. Contémplalo con sus legiones de luz acompañándote y sellándote a ti y a tus seres queridos en un muro invencible de protección de llama azul, anillo tras anillo de energía intensa azul zafiro.

¡San Miguel delante, San Miguel detrás,
San Miguel a la derecha, San Miguel a la izquierda,
San Miguel arriba, San Miguel abajo,
San Miguel, San Miguel, dondequiera que voy!

¡YO SOY su Amor protegiendo aquí!
¡YO SOY su Amor protegiendo aquí!
¡YO SOY su Amor protegiendo aquí!

2º paso
Entra en la cámara secreta del corazón

Piensa en la cámara secreta de tu corazón como tu habitación de meditación privada. Aquí es donde puedes comulgar con tu Santo Ser Crístico, que es tu Yo Superior, tu instructor y tu amigo más querido. Teresa de Ávila la llamó el «castillo interior», donde solía comulgar con el amado Jesús. En la tradición hindú, el devoto visualiza una isla llena de joyas en el corazón. En esta isla hay una altar hermoso donde uno rinde culto al instructor en meditación profunda. Por tanto, de acuerdo con la tradición de los místicos, entra en la cámara secreta del corazón.

Puesto que este es un momento para comulgar con Dios y ello es una experiencia sagrada, no dejes que te interrumpan.

Pon las manos sobre el regazo con las palmas hacia arriba algo ahuecadas y pon los pies sobre el suelo asegurándote de que toda la planta del pie esté apoyada sobre el suelo. El gesto de tener las palmas de las manos hacia arriba significa que eres un cáliz de Dios. Con eso estás diciendo: «Viértete en mí, oh, Dios vivo. Estoy preparado para recibirte». Mantén la espalda derecha para que el fuego sagrado de Dios pueda fluir a través de ti.

Para entrar en tu corazón por completo, olvídate de toda la discordia, de todas las preocupaciones, de todas las responsabilidades. Debes retirar toda la conciencia de la periferia del ser. Cierra los ojos y respira profundamente unas pocas veces. Retira tu atención de los problemas del hogar o del trabajo. Hazlos a un lado. Al respirar, suelta conscientemente toda las tensiones. Centra toda tu energía y toda tu atención en tu corazón. Sabe que Dios se ha puesto en tu corazón. Puedes visualizarlo como una intensa esfera de luz blanca en tu corazón.

Visualiza el sol del mediodía. Es una esfera ígnea de luz tan intensa, que ni siquiera puedes mirarla. Ahora transfiere esa imagen al centro de tu cavidad torácica. No eres consciente de nada más que de esta gran esfera de luz.

Vuelve a respirar profundamente unas pocas veces, inhalando despacio y después soltando el aire. Visualízate a ti mismo descendiendo suavemente hacia esta gran esfera de luz blanca resplandeciente, que está en el centro de tu pecho. Estás entrando totalmente en esta esfera blanca, entrando en el infinito, abandonando el tiempo y el espacio. Entras en esta esfera tal como entrarías en una catedral o un templo sagrado.

3er paso
Ve la llama trina sobre el altar de tu corazón

Al entrar en este templo sagrado de tu corazón, ves ante ti un hermoso altar. Ardiendo sobre ese altar está tu llama trina, la llama de Dios que arde perpetuamente dentro de ti. Ve sus tres penachos resplandeciendo intensamente, un bello azul zafiro, un amarillo dorado y un rosa oscuro intenso.

Aquí, en la cámara secreta, ante el altar de tu llama trina, te encuentras con tu Santo Ser Crístico, tu Yo Superior. Inclínate ante esa llama sagrada que arde ahí. Inclínate ante tu Santo Ser Crístico, tu guía interior que tiene mucho que enseñarte. Adéntrate más y envía tu amor a tu amadísimo Santo Ser Crístico.

4º paso
Comulga con tu Santo Ser Crístico

Ahora comulga con tu Santo Ser Crístico mientras recitas el siguiente mantra. Visualiza a tu Santo Ser Crístico de pie ante ti, diciéndote que poco a poco él te recibirá en las octavas de luz para siempre.

Introito al Santo Ser Crístico

Santo Ser Crístico encima de mí,
Tú, equilibrio de mi alma,
que tu bendito resplandor
descienda y me haga íntegro.

Estribillo:
Tu Llama dentro de mí arde siempre,
tu Paz a mi alrededor siempre eleva,
tu Amor me protege y me sostiene,
tu deslumbrante Luz me envuelve.
YO SOY tu triple radiación,
YO SOY tu Presencia viva
que se expande, se expande, se expande ahora.

Santa Llama Crística dentro de mí,
ven, expande tu Luz trina;
colma mi ser con la esencia
de rosa, azul, dorado y blanco.

Santa conexión con mi Presencia,
amigo y hermano por siempre querido,
deja que guarde tu santa vigilia,
que sea tú mismo en acción aquí.

5º paso
Expande la llama trina

A fin de expandir el poder de nuestro corazón, debemos expandir la llama dentro de nuestro corazón. Cuando la expandimos, también expandimos nuestra capacidad de consolar y amar a los demás. Pero sin armonía y sin equilibrio no podemos expandir nuestra llama del corazón.

A no ser que cada uno de los tres penachos de la llama trina tengan el mismo tamaño, la llama trina como un todo no puede expandirse. Por tanto, los penachos azul, amarillo y rosa, que representan el poder, la sabiduría y el amor de Dios en nosotros, deben equilibrarse para que nuestra llama trina se expanda.

El siguiente decreto puede servirnos de ayuda para equilibrar y expandir la llama trina. El equilibrio de la llama trina no se produce de la noche al día. Pero no te preocupes. Sirve a Dios todos los días. Acude al altar de Dios. Únete a nuestro Señor Jesucristo y a todos los grandes santos de Oriente y Occidente. De esto nos ocupamos un poquito cada día.

Puedes ofrecer esta oración antes de empezar a decretar:

Me inclino ante tu poderosa llama trina, Señor Gautama, Jesucristo y todos los salvadores del mundo. Estoy agradecido de que hayáis mantenido el impulso de esta llama trina por mí durante eones de tiempo. Por tanto, me inclino ante vosotros y os pido en este momento que equilibréis, hagáis resplandecer y expandáis la llama trina de mi corazón. Intensificad la excelencia de mi corazón y que ahora este sea el instrumento de tu Palabra encarnada en la Tierra.

YO SOY la luz del corazón

YO SOY la Luz del Corazón
brillando en las tinieblas del ser
y transformándolo todo en el dorado tesoro
de la Mente de Cristo.

YO SOY quien proyecta mi Amor
hacia el mundo exterior
para derribar las barreras
y borrar todo error.

¡YO SOY el poder del Amor infinito
amplificándose a sí mismo
hasta ser victorioso
por los siglos de los siglos!

6º paso
Pide la purificación del corazón

Ahora vuelve a ver el altar en tu corazón, donde tu llama trina arde intensamente. Tu altar es el punto donde «alteras», donde vas para ser cambiado, transformado. No hay que marcharse del altar en el mismo estado en el que se acudió a él; hay que soltar algo. Debes querer renunciar a una parte de ti mismo o a un problema que debas soltar.

De forma consciente, dale las cargas que tengas a Dios. Deja que él se ocupe de ellas para que seas libre de seguir adelante.

He aquí una oración que puedes decir para invocar la presencia de los serafines. Los serafines son unos ángeles poderosos que poseen la cualidad de la «penetrabilidad cósmica». Ellos pueden absorber las toxinas de nuestro cuerpo, nuestra mente y nuestras emociones, y dejan tras de sí un residuo de pureza.

Invoco los grandes anillos electrónicos de fuego para que rodeen y sellen este campo energético. ¡Paz, aquiétate! Que el fuego santo descienda como la luz purificadora, preparando el camino para la intensificación de la llama trina del corazón, para la iniciación de la llama del corazón otra vez a fin de convertirse día a día la llama del corazón de Dios.

Serafines de Dios, poned vuestra poderosa presencia magnética sobre mí y en el corazón de todas las almas que reverencian a los serafines y a sus seres de fuego blanco. Poned vuestro chakra del corazón sobre el mío. ¡Haced resplandecer todo el poder del rayo rubí! ¡Haced resplandeced todo el poder de la espada de llama azul! ¡Haced resplandecer todo el poder de la poderosa llama azul para que consuma todas las toxinas de mi cuerpo, mente y emociones!

Que reciba yo ahora ese residuo de pureza de los

serafines. Y, por tanto, ¡se produce la acción de torbellino de los serafines de Dios, del Espíritu Santo! La llama azul desciende y circula alrededor del corazón suavemente, pero con la poderosa fuerza de la voluntad de Dios. ¡Que haya una intensidad de la voluntad de Dios! ¡Destelle la luz a través! ¡Destelle la luz a través! ¡Destelle la luz a través, oh Palabra viva, oh Palabra viva, oh Palabra viva, oh Palabra viva! ¡Destelle la luz a través! ¡Rodea ahora al corazón! Libérame de todos los desechos. Mediante la acción del fuego sagrado, ¡destelle la luz de Dios que nunca falla! Y que el Sagrado Corazón de Jesús aparezca ahora superpuesto al mío y al de todos los hijos y las hijas de la luz.

7º paso
Haz llama violeta para que haya transmutación

El siguiente paso consiste en hacer decretos de llama violeta para la transmutación de todos los bloqueos alrededor del corazón que te impiden que lo abras totalmente.

Al recitar este mantra de llama violeta, ve cómo la llama violeta se arremolina a tu alrededor. Suelta todas las cargas y échalas a la llama. Ve cómo la llama violeta consume literalmente los registros del pasado, los desechos que se han acumulado alrededor de tu corazón y que te suponen un peso.

¡YO SOY un ser de fuego violeta!
¡YO SOY la pureza que Dios desea! (9x)

Invoca la ley del perdón. Que la llama violeta transmutadora borre de tus cuatro cuerpos inferiores todo lo que no haya sido de la luz. Que el poder de Saint Germain y su amada Porcia asuman el mando sobre tu corriente de vida, ahora, hoy y para la eternidad.

8° paso
Recibe a tu Gurú en tu corazón

Recibe con una bienvenida al maestro que hayas elegido y ve cómo entra en la cámara secreta de tu corazón. Ve un flujo hermoso en forma de ocho de amor y luz entre tu corazón y el suyo. Envía el fuego de amor desde tu corazón al de tu amado Gurú, amigo e instructor, y siente el amor ardiente de su corazón que entra en el tuyo.

Respira profundamente mientras sientes cómo este lazo del corazón se fortalece. Mira el rostro de tu Gurú, ve el amor en sus ojos y en su sonrisa.

Escoge un mantra que le recites al corazón de tu Maestro Ascendido. (Encontrarás mantras y decretos de los distintos rayos en el siguiente capítulo). Recita este mantra nueve o treinta y tres veces, sintiendo cada vez que tu amor aumenta con el del Maestro Ascendido, hasta que todo tu corazón esté encendido con este amor.

Mantén esta comunicación del corazón tanto como tengas tiempo de hacerlo. Que esta experiencia sea un ancla de amor y Realidad divina a la que puedas volver a lo largo del día.

9° paso
Oración de cierre

Concluye tu meditación con una oración.

Amada poderosa Presencia YO SOY, llamo a (maestro escogido), a todo el Espíritu de la Gran Hermandad Blanca y la Madre del Mundo. Os envío mi gratitud. Amado (nombre del Maestro Ascendido), estoy agradecido por esta efusión de luz. Estoy agradecido por el amor y la unión que hemos compartido en esta meditación del corazón. Amén.

Al caminar por nuestro sendero hacia la ascensión y la unión mística con Dios, podemos recordar que somos muy amados y comprendidos. La Hermandad espiritual de luz entiende nuestra pruebas y tribulaciones, los procesos mentales, los momentos de emoción, los momentos de meditación y sintonización profundas. Porque esta Hermandad en niveles ascendidos está formada por aquellos hermanos y hermanas mayores que han recorrido el mismo sendero por el que nosotros estamos caminando ahora. Ellos han afrontado las mismas pruebas y han cometido los mismos errores. Porque en un mundo y una conciencia finitos, solo hay un número determinado de errores posibles y estos ya los han cometido alguno de quienes caminan como hermanos de blanco.

Por tanto, no temas y no dudes del camino, porque el Sendero está marcado claramente con sus huellas en las arenas del tiempo; y nosotros no tenemos más que pisar sobre sus huellas para caminar hacia el Origen en Dios.

El amor es la clave

La clave del regreso a tu Origen, la clave del sendero del místico, es el amor. Sin amor todo el conocimiento y todo el poder no significan nada. Recitar hechos y reglas sin la comprensión interior y el amor a Dios por todos aquellos a quienes encontremos no nos acercará más a la Realidad. Recordamos las palabras de Jesús después de preguntar cuál era el mandamiento más grande: «Amarás al Señor tu Dios con todo tu corazón, y con toda tu alma, y con toda tu mente. Este es el primero y grande mandamiento. Y el segundo es semejante: Amarás a tu prójimo como a ti mismo. De estos dos mandamientos depende toda la ley y los profetas».[1]

La lección más grande que puede aprender nuestra alma es que el amor es el Todo, el amor es la meta. Paso a paso, al elevar el fuego sagrado de la Madre Divina sobre el altar de la columna vertebral, nos llegan las iniciaciones de esos chakras y rayos a través de sus chohanes. El chakra del corazón es el sol central del ser. Sin la llama trina equilibrada y la adoración al Atmán en esa llama, descubriremos que los otros chakras no pueden intensificarse.

Los Maestros Ascendidos se acercan al corazón sagrado y a los fuegos del corazón para que podamos ver y conocer que el magnánimo corazón, el corazón que se entrega, el corazón como fuente que se derrama, es la maravilla de la vida y de la autotrascendencia.

El amor es la clave. Cualquier otra cosa que podamos desarrollar o adquirir en esta o en mil vidas, sin amor (sin amor en la manifestación del poder del «tres por tres») no podemos cumplir nuestra misión.

Sé generoso con el amor. Dalo a diario. Y a diario pide la ley del perdón por no haber dado amor en el pasado ya olvidado. Además, pide la ley del perdón por quienes juegan el papel de enemigos. Con amor, encuentra las almas de todos el Sendero.

Podemos ser libres solo en la medida en que liberemos a toda la vida. Y esta libertad es una liberación en el plexo solar, en el mundo de sentimientos, gracias a la cual ya no nos separamos de ninguna parte de la vida y percibimos a toda la vida solo como Dios: Dios en manifestación, Dios como Cristo, Dios como Krishna, Dios como Brahma, Vishnú, Shiva, Dios como la Madre Universal.

10

Mantras y decretos

Decretos generales

Armonización
de la Virgen María

Amada Poderosa Presencia YO SOY, Padre de toda Vida,
 actúa en mi nombre hoy:
Ocupa mi forma.
Libera la Luz necesaria
 para que yo haga tu Voluntad,
Y asegúrate de que las decisiones que tome
 siempre estén de acuerdo con tu santa Voluntad.
Asegúrate de que mis energías se usen
 para engrandecer al SEÑOR en todo aquel que encuentre.
Asegúrate de que la santa Sabiduría que se me otorga
 la utilice constructivamente para la expansión del reino de Dios.
Y, por encima de todo, amado Padre Celestial,
 te encomiendo mi espíritu
Y pido que así como tu Llama es una con mi llama,
 la unión de estas dos Llamas pulse
para efectuar en mi mundo
 la continua vigilancia y armonización
que necesito con tu Santa Presencia,
 con el Espíritu Santo, y con la Madre del Mundo.

Oh Poderosa Llama Trina de la Vida
de Zaratustra

Oh Poderosa Llama Trina de la Vida,
regalo de Dios tan puro,
toma mis pensamientos y energías
y mantenlos completamente seguros.

Con el vínculo de la Hermandad
y el entendimiento justo,
envía tú a mi alma
el regalo de la santa oración.

Hilos de amor en la comunicación
procuran por ley celestial
una tierna bendición para los bondadosos,
emanando santa admiración,

Que me acerca al trono de gracia
para contemplar ahora tu sagrado rostro
y sin miedo impartir correctamente
las pasiones del puro deleite Divino
que me liberan de todo lo que ha sido
la naturaleza pecaminosa de todo hombre.

Cristo, elévame a la automaestría,
la pasión viva de los libres.
¡Determinación, levántate ahora
y elévame por siempre hacia los cielos!

YO SOY, YO SOY, YO SOY
quien envuelve a la vida y a todo ser
con el mandato Divino «Amén»,
que disipa la densidad humana.

YO SOY, YO SOY, YO SOY libre,
ningún cautiverio me retiene.
YO SOY la plenitud de la ley del Amor
que satisface toda carencia;
la consagración absoluta
es mi voluntad y el deleite de Dios.

> Queridos Saint Germain y Jesús,
> tomad mi mano y la de Morya
> y que el amor de María, entonces,
> sea las alas que eleven a los hombres.
>
> Hasta que todos se unan en el Amor
> para servir al propósito de arriba
> que desciende a la Tierra a toda hora,
> respondiendo al llamado de Poder;
> enviad vuestra radiante Sabiduría,
> que es el amor de Dios
> aumentado para todo hombre.

Os agradezco y acepto que esto se cumpla ahora con pleno poder. YO SOY esto cumplido ahora con pleno poder. ¡Esta es la plena manifestación de la Ley del Amor que me eleva hacia mi eterna Victoria, ahora y siempre!

Primer Rayo
Protección, dirección y la voluntad de Dios

Protección de Viaje

En el nombre de la amada, poderosa y victoriosa Presencia de Dios YO SOY en mí, de mi muy amado Santo Ser Crístico, Santo Ser Crístico de toda la humanidad, amado Arcángel Miguel, amados Gurú Ma y Lanello, todo el Espíritu de la Gran Hermandad Blanca y la Madre del Mundo, vida elemental ¡fuego, aire, agua y tierra!, yo decreto:

> ¡San Miguel delante, San Miguel detrás,
> San Miguel a la derecha, San Miguel a la izquierda,
> San Miguel arriba, San Miguel abajo,
> San Miguel, San Miguel, dondequiera que voy!
>
> ¡YO SOY su Amor protegiendo aquí!
> ¡YO SOY su Amor protegiendo aquí!
> ¡YO SOY su Amor protegiendo aquí! (3x)

Protección de luz

Amada, poderosa y victoriosa Presencia de Dios YO SOY en mí, mi muy amado Santo Ser Crístico, Santo Ser Crístico de toda la humanidad, amado El Morya, amado Poderosos Hércules y Amazonia, amado Arcángel Miguel y Fe y sus legiones de ángeles del relámpago azul, todo el Espíritu de la Gran Hermandad Blanca y la Madre de Mundo, vida elemental: ¡fuego, aire, agua y tierra!

En vuestro nombre, por y a través del poder magnético de la inmortal y victoriosa llama trina de amor, sabiduría y poder anclada dentro de mi corazón y la cruz de llama azul, yo decreto:

1. Protección de luz manifiesta,
   Santa Hermandad de blanco,
   luz de Dios que nunca falla,
   ¡mantennos siempre en tu visión perfecta!

Estribillo:
YO SOY, YO SOY, YO SOY
la fuerza poderosa de protección,
YO SOY, YO SOY, YO SOY
protegido a cada hora,
YO SOY, YO SOY, YO SOY
la poderosa cascada de perfección
¡manifestada, manifestada, manifestada!

2. San Miguel, poderoso y verdadero,
   protégenos con tu espada azul.
   ¡Mantennos centrados en la luz
   de la brillante armadura resplandeciente!

3. Destella tu espada de fe alrededor,
   poderosa fuerza de la gracia sagrada,
   ¡por siempre YO SOY invencible protección
   que emana de tus rayos deslumbrantes!

YO SOY la voluntad de Dios

En el nombre de la amada, poderosa y victoriosa Presencia de Dios YO SOY en mí, y de mi muy amado Santo Ser Crístico, llamo al corazón de la Voluntad de Dios en el Gran Sol Central, amado Arcángel Miguel, amado El Morya, amado Poderoso Hércules y Amazonia para que aviven la llama de la Voluntad de Dios por mis cuatro cuerpos inferiores y respondan a este mi llamado infinitamente, ahora y por siempre:

1. YO SOY la Voluntad de Dios manifestada en todas partes,
   YO SOY la Voluntad de Dios incomparablemente perfecta,
   YO SOY la Voluntad de Dios de tanta justicia y belleza,
   YO SOY en todo lugar la generosidad de Dios anhelante.

Estribillo:
   Ven, Voluntad tan verdadera de llama azul,
   mantenme siempre tan radiante como tú.
   Voluntad de llama azul de la Verdad viviente,
   Buena Voluntad de la eterna juventud,
   ¡manifiéstate, manifiéstate, manifiéstate ahora en mí!

2. YO SOY la Voluntad de Dios que ahora asume el mando,
   YO SOY la Voluntad de Dios que hace que todos comprendan,
   YO SOY la Voluntad de Dios cuyo poder es supremo,
   YO SOY la Voluntad de Dios que cumple el sueño del cielo.

3. YO SOY la Voluntad de Dios protegiendo y bendiciendo aquí,
   YO SOY la Voluntad de Dios desechando todo temor,
   YO SOY la Voluntad de Dios en acción bien hecha aquí,
   YO SOY la Voluntad de Dios con Victoria para cada quien.

4. YO SOY el relámpago azul que destella el amor de la Libertad,
   YO SOY el poder del relámpago azul celestial,
   YO SOY el relámpago azul que libera a la humanidad,
   YO SOY el poder de la llama azul derramando el bien.

Segundo Rayo
Sabiduría e iluminación

Invocación de iluminación

En el nombre de la amada, poderosa y victoriosa Presencia de Dios Todopoderoso YO SOY en mí, de mi muy amado Santo Ser Crístico y Santo Ser Crístico de toda la humanidad, por y a través del poder magnético de la inmortal y victoriosa Llama Trina de Amor, Sabiduría y Poder anclada dentro de mi corazón: invoco la llama dorada de Iluminación desde el corazón de Dios en el Gran Sol Central y los Siete Logos Solares, desde los amados Alfa y Omega y Helios y Vesta, desde el amado Señor Lanto y Confucio y la Hermandad del Royal Teton, desde el amado Sanat Kumara, Gautama Buda, el Señor Maitreya, Jesús y Kuthumi y los Hermanos de la Túnica Dorada en Cachemira, desde el amado Vaivasvata, el Gran Director Divino, Himalaya y todos los que sirven en el Retiro del Loto Azul, desde los amados Dios y Diosa Merú, Casimir Poseidón y todos los que sirven en el Templo de la Iluminación, desde el amado Poderoso Cosmos, amados Poderosos Elohim Apolo y Lúmina, amado Arcángel Jofiel y Cristina, amados Gurú Ma y Lanello, todo el Espíritu de la Gran Hermandad Blanca y la Madre del Mundo, vida elemental: ¡fuego, aire, agua y tierra!

Haced destellar la Luz de la Iluminación del Cristo Cósmico en mis cuatro cuerpos inferiores, la Tierra, los elementales y todos los portadores de luz del mundo, para rasgar el velo de ignorancia y establecer la Ley YO SOY de la Vida a través de la mercuriana Mente de Dios que brilla como el diamante, expandida conscientemente ahora mismo con pleno poder a través de mi decreto:

> Cristo vivo dentro y a mi alrededor
>   destellando Llama de Iluminación,
> sabia abundancia, rodéame ahora,
>   dominio Divino, reina por siempre.

> Corona mi frente con radiación dorada
>   de la Sabiduría de tu Luz;
> corona mis acciones con la evidencia
>   del poder Crístico de la Iluminación.

YO SOY, YO SOY la llama dorada
de Iluminación resplandeciendo clara
desde el corazón del bendito Lanto
aquí en el Royal Teton.

Destella, oh destella tu brillante resplandor
a través de mi ser interior;
vierte en mi sendero Luz verdadera
con un rayo de la frente de la Sabiduría.

Luz, expándete ahora para rodear
todo rincón de nuestro globo;
venid, llevad vuestra bendición a todos los hombres,
Hermanos de la Túnica Dorada.

Cristo vivo a todo mi alrededor,
destella con todo tu poder de Sabiduría.
Tu Verdad brillando, nadie puede dudar de mí;
Expándete en mí a todas horas.

Corona mi corazón y mente con fuego,
encendido en tus brillantes altares;
que un halo de tu Sabiduría
honre a todo niño de la Luz.

¡Salve, santo Royal Teton,
Hermanos del Rayo de Sabiduría!
Intensificad vuestro dorado resplandor,
que el sol de Luz impere.

Venid, Apolo, Lúmina,
dad Sabiduría para percibir
el patrón perfecto de cada vida,
su método y manera de tejerlo.

Bendito Jofiel, Arcángel querido,
en la página de Sabiduría expón
el edicto que dará entrada
a la venidera era dorada.

¡Equilibra la Llama Trina en mí!

En el nombre de la amada, poderosa y victoriosa Presencia de Dios YO SOY en mí y de mi muy amado Santo Ser Crístico, invoco a los amados Helios y Vesta y a la Llama Trina de Amor, Sabiduría y Poder en el corazón del Gran Sol Central, al amado Morya El, amado Señor Lanto, amado Pablo el Veneciano, amado Poderoso Víctory, amada Diosa de la Libertad y los Siete Poderosos Elohim, amados Gurú Ma y Lanello, todo el Espíritu de la Gran Hermandad Blanca y la Madre del Mundo, vida elemental: ¡fuego, aire, agua y tierra!

Para que equilibréis, destelléis, expandáis e intensifiquéis la Llama Trina dentro de mi corazón hasta que yo manifieste todo lo que vosotros sois y no quede nada de lo humano.

¡Asumid el dominio completo y el control de mis cuatro cuerpos inferiores y elevadme a mí y a toda la vida por el Poder del «Tres Por Tres» a la gloriosa resurrección y ascensión en la Luz!

En el nombre del Padre, de la Madre, del Hijo y del Espíritu Santo, yo decreto:

> ¡Equilibra la Llama Trina en mí! (3x)
> ¡Amado YO SOY!
> ¡Equilibra la Llama Trina en mí! (3x)
> ¡Asume tu mando!
> ¡Equilibra la Llama Trina en mí! (3x)
> ¡Auméntala a cada hora!
> ¡Equilibra la Llama Trina en mí! (3x)
> ¡Amor, Sabiduría y Poder!

Decreto para la Hermandad

En el nombre de la amada, poderosa y victoriosa Presencia de Dios YO SOY en mí, Santo Ser Crístico de todos los que evolucionan en la Tierra, amados Jesús el Cristo y Kuthumi, amados Gurú Ma y Lanello, todo el Espíritu de la Gran Hermandad Blanca y la Madre del Mundo, vida elemental: fuego, aire, agua y tierra, yo decreto:

Del Uno,
tú, Dios, has tejido
todas las razas del hombre.
Por tu gran Ley
devuelve a todos ahora
a su fuente Divina.

Elimina el odio,
vence por el amor
toda intención malvada de la humanidad.
A cada momento
muestra el gran poder
del amor y la compasión enviado por Dios.

YO SOY, YO SOY, YO SOY
quien envía el amor de Dios,
la maravillosa sensación
de la verdadera y divina Curación,
ungüentos de luz que ahora sellan
toda división entre los hombres.

¡Detén toda división!
Por Divina precisión
el amor es la ley clave santificada.
Paz suprema,
haz que toda guerra cese,
¡que los hijos de los hombres sean libres!

Detén la fricción entre los hombres,
y todas las predicciones que separan
corazón de corazón bendito.
Por la dirección Divina
produce perfección ahora
en tu gran familia: un corazón.

Oración de Lanto

¡En el nombre de Dios Todopoderoso
me alzo a desafiar a la noche,
para elevar la Luz,
para ser el foco de la conciencia de Gautama Buda!
¡Y YO SOY la llama del loto de mil pétalos!
¡Y vengo a llevarla en su nombre!
Estoy en la Vida en esta hora
y permanezco con el cetro de Poder Crístico
para desafiar a las tinieblas,
para traer la Luz,
para animar desde alturas estelares
la conciencia de ángeles, Maestros, Elohim, centros solares
y toda la Vida
¡que es la Presencia YO SOY de cada uno!
Clamo la Victoria en el nombre de Dios.
Clamo la Luz de llama solar.
¡Clamo la Luz! ¡YO SOY la Luz!
¡YO SOY la Victoria! ¡YO SOY la Victoria! ¡YO SOY la Victoria!
Para la Madre Divina y el Hijo Varón Divino
y para la elevación de la corona de la Vida
y los doce puntos focales estelares
que se regocijan de ver la salvación de nuestro Dios
justo dentro de mi coronilla,
justo dentro del centro del Sol
de Alfa, ¡consumado está!

Salutación al Sol

Oh poderosa Presencia de Dios, YO SOY, dentro y detrás del Sol:
acojo tu Luz, que inunda toda la Tierra,
 en mi vida, en mi mente, en mi espíritu, en mi alma.
¡Irradia y destella tu Luz!
¡Rompe las cadenas de oscuridad y superstición!
¡Cárgame con la gran claridad
 de tu radiación de fuego blanco!
¡YO SOY tu hijo, y cada día me convertiré más en tu manifestación!

Tercer Rayo
Amor y creatividad

Introito al Santo Ser Crístico

En el nombre de la amada, poderosa y victoriosa Presencia de Dios, YO SOY en mí, de mi muy amado Santo Ser Crístico y mediante el poder magnético del fuego sagrado investido en la Llama Trina de Amor, Sabiduría y Poder que arde dentro de mi corazón, yo decreto:

1. Santo Ser Crístico encima de mí,
   Tú, equilibrio de mi alma,
   que tu bendito resplandor
   descienda y me haga íntegro.

Estribillo:
   Tu Llama dentro de mí arde siempre,
   tu Paz a mi alrededor siempre eleva,
   tu Amor me protege y me sostiene,
   tu deslumbrante Luz me envuelve.
   YO SOY tu triple radiación,
   YO SOY tu Presencia viva
   que se expande, se expande, se expande ahora.

2. Santa Llama Crística dentro de mí,
   ven, expande tu Luz trina;
   colma mi ser con la esencia
   de rosa, azul, dorado y blanco.

3. Santa conexión con mi Presencia,
   amigo y hermano por siempre querido,
   deja que guarde tu santa vigilia,
   que sea tú mismo en acción aquí.

¡Y con plena Fe acepto conscientemente que esto se manifieste, se manifieste, se manifieste! (3x), ¡aquí y ahora mismo con pleno Poder, eternamente sostenido, omnipotentemente activo, siempre expandiéndose y abarcando el mundo hasta que todos hayan ascendido completamente en la Luz y sean libres!
¡Amado YO SOY! ¡Amado YO SOY! ¡Amado YO SOY!

Elevo mi copa hacia Ti

Amada, poderosa y victoriosa Presencia de Dios YO SOY en mí, mi muy amado Santo Ser Crístico y Santo Ser Crístico de toda la humanidad, amado Señor Maha Chohán, amada Virgen María, amado Pablo el Veneciano, amado Arcángel Chamuel y Caridad, amados Heros y Amora, Elohim del Amor, amadas Maestras Ascendidas Nada y Venus, amada Diosa de la Libertad, amado Jesucristo, amados Gurú Ma y Lanello, todo el Espíritu de la Gran Hermandad Blanca y la Madre del Mundo, vida elemental: ¡fuego, aire, agua, y tierra!

Por y a través del poder magnético de la llama trina inmortal y victoriosa de la Libertad y de la llama de la adoración que arde en mi corazón, yo decreto:

Humildemente invoco la expansión a través de mi ser y mundo de vuestras cualidades de Amor, Sabiduría, Poder, Libertad divinos; compasión, tolerancia, perdón, contención, paciencia, buena voluntad, unidad, hermandad, tacto, diplomacia, cultura, belleza, perfección y automaestría.

Pido que me sea enseñada vuestra capacidad para engrandecer el Bien en mi prójimo, para ayudar a cada uno a realizar su plan divino, para liberar y desarrollar mis propios talentos y poderes individuales, para armonizar, elevar, purificar y perfeccionar mi mundo emocional y el de mis hermanos; sí, para ser un consuelo constante, para amar a toda la Vida libre.

Decreto, acepto, y YO SOY la plena efusión y manifestación de vuestro Amor y vuestra Vida, grandes seres amados. ¡Usad mi corriente de vida para canalizar vuestras bendiciones a toda la vida en la Tierra y para engrandecer al SEÑOR de modo que todos puedan ver y saber que la Luz de Dios que nunca falla es la llama trina que late dentro de nuestros corazones!

La alianza de los Magos
de El Morya

Padre, en tus manos encomiendo mi ser. Tómame y úsame —mis esfuerzos, mis pensamientos, mis recursos, todo lo que YO SOY— en tu servicio al mundo de los hombres y para tus nobles propósitos cósmicos, desconocidos aún por mi mente.

Enséñame a ser amable según la Ley que despierta a los hombres y los guía a las orillas de la Realidad, a la confluencia del Río de la Vida, a la fuente edénica, para que pueda entender que las hojas del Árbol de la Vida, que se me dan cada día, son para la curación de las naciones; que al acumularlas en el tesoro de mi ser y ofrecer el fruto de mi amorosa adoración a ti y a tus propósitos supremos, en verdad estableceré una alianza contigo siendo tú mi guía, mi guardián, mi amigo.

Pues tú eres el que dirige mi conexión estableciendo una relación entre mi corriente de vida y esos contactos celestiales, limitado únicamente por el transcurso de las horas, que me ayudarán a realizar en el mundo de los hombres el aspecto más significativo de mi plan de vida individual tal como tú lo concebiste y como es ejecutado en tu nombre por el Consejo Kármico de supervisores espirituales quienes, bajo tu santa dirección, administran tus leyes.

Que así sea, oh Padre eterno, y que la alianza de tu bienamado Hijo, el Cristo vivo, el Unigénito de la Luz, me enseñe a ser consciente de que él vive hoy día dentro de la trinidad de mi ser como el Gran Mediador entre mi Presencia Divina individualizada y mi yo humano; que él me eleva a la conciencia Crística y a tu comprensión divina a fin de que, al igual que el Hijo eterno se hace uno con el Padre, así yo pueda finalmente unirme a ti en ese momento dinámico en el que de la unión nace mi perfecta libertad para moverme, pensar, crear, diseñar, realizar, habitar, heredar, morar, y para estar totalmente dentro de la plenitud de tu Luz.

Padre, en tus manos encomiendo mi ser.

El camino del amor
de Saint Germain

Del Amor vine, al Amor voy;
y todo este balanceo de ir y venir
no altera ni una pizca
del Propósito Cósmico que olvidé.

Yo me extiendo ahora,
me comprometo con la Verdad;
me inclino siempre ante el Amor que hay en todo.
El universo es uno solo,
no hay estruendo de multifacéticos tonos.

La campanada que oigo está siempre cercana;
es el Amor que todos los miedos dispersa.
Dondequiera que YO SOY, Tu Amor vive también
para liberar a las mayorías y a las minorías.

¡Ordena la Perfección, gran Ley del Amor!
¡Ordena la Perfección, gran Luz del Amor!
Tu brillante belleza por la noche,
como una estrella eterna, Luz sobrenatural,
nos corteja a todos con el poder presente.

Pues Amor YO SOY y para el Amor yo vivo;
esto es la totalidad que doy.
A cada hijo varón le es dada la chispa,
que rasgará el velo y lo conducirá al cielo.

Cuarto Rayo
Pureza y la llama de la ascensión

Satúranos con pureza

En el nombre de la amada, poderosa y victoriosa Presencia de Dios YO SOY en mí, de mi muy amado Santo Ser Crístico, amado Serapis Bey, amada Diosa de la Pureza, amada Reina de Luz, amada Diosa de Luz, amada Palas Atenea, amada Poderosa Astrea, amados Gurú Ma y Lanello, todo el Espíritu de la Gran Hermandad Blanca y la Madre del Mundo, vida elemental: ¡fuego, aire, agua y tierra!, yo decreto:

1. Amado Serapis, oh Maestro de Amor,
   satúranos con toda la Pureza celestial.
   ¡Diosa de la Pureza, que tu llama destelle
   a través de nosotros en el nombre de Dios!

   Estribillo:
   Purifica mi mente y mantenla libre,
   purifica mis emociones y que todos vean
   efectos maravillosos de Control Divino
   dirigiendo mi vida hacia su meta.
   ¡Purifica de toda enfermedad mi cuerpo,
   purifica mi memoria y mis registros, te lo ruego!

2. Todo lo que YO SOY y espero ser
   me es dado por la mano del Amor.
   ¡Haz que ascienda y libera a todos,
   para ser en perfecta Pureza como Tú!

Rayo de brillo rosa dorado

En el nombre de la amada, poderosa y victoriosa Presencia de Dios YO SOY en mí, y de mi muy amado Santo Ser Crístico, llamo al corazón del amado Serapis Bey y la Hermandad de Lúxor, amado Señor Gautama, amado Saint Germain, amados Dios y Diosa Merú, amado Sanat Kumara y los siete Santos Kumaras, el Ser Cósmico Armonía, los Siete Poderosos Elohim, los siete amados arcángeles y sus arcangelinas, los siete amados chohanes de los rayos, amados Gurú Ma y Lanello, todo el Espíritu de la Gran Hermandad Blanca y la Madre del Mundo, vida elemental: ¡fuego, aire, agua y tierra!

1. YO SOY quien invoca hoy tu Rayo Rosa Dorado
   para que se manifieste alrededor de mi forma.
   Luz Rosa Dorada de brillo deslumbrante,
   ¡adorna mis cuatro cuerpos inferiores!

Estribillo:
   Oh hermandad de Lúxor y bendito Serapis Bey,
   escuchad nuestro llamado y responded
   con el rayo ascendente del amor.
   Cargad, cargad, cargad nuestro ser

de esencia pura y brillante;
que vuestro fulgor santificado
de la poderosa Luz de la Ascensión
destelle sus deslumbrantes rayos
hacia arriba en nombre de Dios,
hasta que todo el cielo nos reclame
para la llama ascendente de Dios.

2. Saturadme de Luz Rosa Dorada
haced brillar mis cuatro cuerpos inferiores;
saturadme del Rayo de la Ascensión,
¡elevad mis cuatro cuerpos inferiores hoy!

3. Rodeadnos ahora de Amor Rosa Dorado,
de luz celestial iluminado y cargado,
absorbiendo esto a la velocidad del rayo,
con el aguamiel de la victoria YO SOY cargado.

YO SOY puro

Por deseo de Dios desde las alturas,
aceptado ahora al acercarme,
como nieve cayendo con brillo de fuego estelar,
tu Bendita Pureza me concede
su don de Amor.

YO SOY puro, puro, puro
por la palabra de Dios.
YO SOY puro, puro, puro,
oh espada ígnea.
YO SOY puro, puro, puro,
la Verdad es adorada.

Desciende y hazme íntegro,
bendita Eucaristía, llena mi alma.
YO SOY tu Ley, YO SOY tu Luz,
¡oh, moldéame con tu forma tan brillante!

¡Amado YO SOY! ¡Amado YO SOY! ¡Amado YO SOY!

Decreto a la amada Poderosa Astrea

En el nombre de la amada, poderosa y victoriosa Presencia de Dios YO SOY en mí, Poderosa Presencia YO SOY y Santo Ser Crístico de los Guardianes de la Llama, portadores de Luz del mundo y de todos los que van a ascender en esta vida, por y mediante el poder magnético del fuego sagrado investido en la llama trina que arde dentro de mi corazón, invoco a los amados poderosos Astrea y Pureza, Arcángel Gabriel y Esperanza, amado Serapis Bey y los serafines y querubines de Dios, amados Gurú Ma y Lanello, todo el Espíritu de la Gran Hermandad Blanca y la Madre del Mundo, vida elemental: ¡fuego, aire, agua y tierra! para que coloquéis vuestros círculos cósmicos y espadas de llama azul en, a través y alrededor de:

Mis cuatro cuerpos inferiores, mi cinturón electrónico, mi chakra del corazón y todos mis chakras, toda mi conciencia, ser y mundo.

Soltadme y liberadme (3x) de todo lo que sea inferior a la perfección de Dios y al cumplimiento de mi plan divino.

1. Amada Astrea, que la Pureza de Dios
se manifieste aquí para que todos vean
la Voluntad de Dios en el resplandor
del círculo y espada de brillante azul.

Primer Estribillo:*
Responde ahora mi llamado y ven,
a todos envuelve en tu círculo de luz.
Círculo y espada de brillante azul,
¡destella y eleva, brillando a través!

2. De patrones insensatos a la vida libera,
las cargas caen mientras las almas se elevan
a tus fuertes brazos del amor eterno,
con misericordia brillan arriba en el cielo.

3. Círculo y espada de Astrea, brillad,
blanco-azul que destella, mi ser depurad,
disipando en mí temores y dudas,
aparecen patrones de fe y de bondad.

---

*Haga este decreto una vez, diciendo el primer estribillo después de cada estrofa. Hágalo por segunda vez, diciendo el segundo estribillo después de cada estrofa. La tercera vez, diga el tercer estribillo después de cada estrofa. Estas tres series de tres estrofas, seguidas de cada uno de los tres estribillos, conforman un decreto completo o un patrón de Astrea.

Segundo Estribillo:
Responde ahora mi llamado y ven,
a todos envuelve en tu círculo de luz.
Círculo y espada de brillante azul,
¡eleva a toda la juventud!

Tercer Estribillo:
Responde ahora mi llamado y ven
a todos envuelve en tu círculo de luz.
Círculo y espada de brillante azul,
¡eleva a toda la humanidad!

¡Y con plena Fe acepto conscientemente que esto se manifieste, se manifieste, se manifieste! (3x), ¡aquí y ahora mismo con pleno Poder, eternamente sostenido, omnipotentemente activo, siempre expandiéndose y abarcando el mundo hasta que todos hayan ascendido completamente en la Luz y sean libres!
¡Amado YO SOY! ¡Amado YO SOY! ¡Amado YO SOY!

Quinto Rayo
Verdad, sanación y provisión

Verdad viviente

En el nombre de la amada, poderosa y victoriosa Presencia de Dios YO SOY en mí, de mi amado Santo Ser Crístico y Santo Ser Crístico de toda la humanidad, llamo al amado Maha Chohán, amada Poderosa Vesta, amada Palas Atenea, amado Hilarión y la Hermandad de la Verdad, amado Jesucristo, amada Virgen María, Maestra Meta y amado Arcángel Rafael, amado Poderoso Ciclopea y todos los poderes, seres, actividades y legiones de Luz, amados Gurú Ma y Lanello, todo el Espíritu de la Gran Hermandad Blanca y la Madre del Mundo, vida elemental: ¡fuego, aire, agua y tierra!

Para que carguen en los cuatro cuerpos inferiores de toda la humanidad y especialmente de la juventud del mundo y de sus instructores, la llama de la Verdad viviente que transmuta para siempre todos los conceptos, sugerencias, manifestaciones y sentimientos erróneos convirtiéndolos en el pleno poder de la Luz de Dios que nunca, nunca, nunca falla a través de este, mi decreto:

> Dios de la Verdad, YO SOY en todos,
> ahora pido entendimiento;
> para verte, SEÑOR, plenamente,
> adorada aquí es la Verdad viviente.
>
> YO SOY consciente por razón pura
> de que solo Dios nos asegura
> la búsqueda de una vida por Ley celestial
> que llena corazones de amor reverencial.
>
> Ven y ayúdame a exaltar la Verdad;
> toda comprensión me pertenece ahora
> cuando abro la puerta de par en par
> que nadie jamás puede cerrar.
>
> Oh radiante Luz de la Verdad viviente,
> Tú, fuente de eterna juventud,
> ven, con tu brillo ilumina mi mente
> hasta que en paz al fin encuentre
>
> Que el Espíritu de Dios manifestado
> es solo y por siempre lo mejor
> y mantiene a cada hombre en lo correcto seguro
> para entender que la Ley es algo puro;
>
> Que solo Verdad es la Ley de Dios,
> pues expía toda equivocación,
> y a un estado puro a todos eleva
> donde los Vigilantes Silenciosos vigilan y esperan

Para investir a la juventud Maestra Ascendida
con el rayo de la Verdad del bendito Hilarión.
¡Palas Atenea, que sea tu Verdad
nuestro cetro de autoridad!

Llama de curación

Amada, poderosa y victoriosa Presencia de Dios, YO SOY en mí, oh amada, inmortal y victoriosa llama trina de Verdad eterna dentro de mi corazón, Santo Ser Crístico de toda la humanidad, amados Helios y Vesta, amados Hilarión, Palas Atenea, Arcángel Rafael y los ángeles de curación, amados Jesús el Cristo, Virgen María, Maha Chohán, amado Poderoso Ciclopea y Maestra Ascendida Meta, amados Gurú Ma y Lanello, todo el Espíritu de la Gran Hermandad Blanca y la Madre del Mundo, vida elemental: ¡fuego, aire, agua y tierra!

En el nombre de la Presencia de Dios que YO SOY y mediante el poder magnético del fuego sagrado del que estoy investido, yo decreto:

1. Del verde más intenso es la Llama Curativa,
totalmente serena YO SOY la Presencia Divina,
a través de mí vierte tu Luz de Misericordia,
que ahora la Verdad todo lo corrija.

Estribillo:
Milagro de la llama de consagración,
que mi mente medite ahora en ti,
para mi hermano un servicio mejor
y la plenitud de tu Poder.
Curación de la llama de la consagración,
mantén mi ser de curación colmado,
la misericordia sella a todos mis hermanos
por la gracia del Deseo de Dios.

2. Llama de Curación, llena mi cuerpo,
vida vibrante renacida en mí;
Dios en mí, hazme pleno,
YO SOY quien cura a todas las almas.

Nos presentamos ahora ante tu llama

En el nombre de la amada, poderosa y victoriosa Presencia de Dios que YO SOY, por y a través del poder magnético del fuego sagrado del que está investida la llama trina que arde en mi corazón, amados Gurú Ma y Lanello, todo el Espíritu de la Gran Hermandad Blanca y la Madre del Mundo, vida elemental: ¡fuego, aire, agua y tierra! yo decreto:

> Jesús querido, oh Ciclopea,
> Madre María tan sincera,
> venimos ahora ante tu llama
> para ser curados en el nombre de Dios.
> ¡Estamos en este lugar en el tiempo
> invocando vuestro toque curativo!
>
> ¡Tono de resplandor dorado
> matizado de brillante verde curativo,
> vertiendo Consuelo por toda la Tierra,
> perfección tan serena!
>
> Ven, oh Amor en acción sagrada,
> danos ahora satisfacción Divina.
> ¡Por el poder de la santa curación
> sellando en la Llama de la Perfección!

YO SOY quien presenta a _____ (nombre o nombres)
 ante vuestra Presencia aquí
¡Derramad vuestro rayo de amor sobre _____ (él, ella, ellos),
 emitid vuestra sincera bendición!

Tesoros de luz

En el nombre de la amada, poderosa y victoriosa Presencia de Dios YO SOY en mí, de mi muy amado Santo Ser Crístico y Santo Ser Crístico de toda la humanidad, llamo a los amados Helios y Vesta, amado Jesucristo, amado Poderoso Ciclopea, amados Saint Germain y Porcia, amado Poderoso Víctory, amado Lanto, amada Fortuna, Diosa de la Provisión, amados Gurú Ma y Lanello, todo el Espíritu de la Gran Hermandad Blanca y la Madre del Mundo, vida elemental: ¡fuego, aire, agua y tierra!

Para que destelléis la gloriosa Llama de Precipitación por todo The Summit Lighthouse y todo individuo y actividad constructivos en la Tierra, incluyendo mi propio ser y mundo, para manifestar en el mismo abundante Provisión de toda la sabiduría, Luz, determinación y amor que vayamos a necesitar para cumplir el plan de Dios y para elevar a toda la humanidad a la gloriosa libertad de la gran era dorada de Saint Germain que YO SOY quien expande ahora mismo y para siempre a través de este mi decreto:

1. Fortuna, Diosa de la Provisión,
   de la riqueza de Dios en las alturas,
   libera tus tesoros del Sol
   y ahora otorga a todos aquellos

2. Cuyos corazones con la Luz divina laten,
   el Poder de atraer desde el reino celestial
   la abundancia de Dios para expandir el plan
   que tienen los Maestros para cada hombre.

3. Armoniza aquí nuestra conciencia contigo,
   expande la visión para que ahora veamos
   que la opulencia es posible para todos aquellos
   que se vuelven hacia Dios y hacen el llamado.

4. Ahora ordenamos, ahora exigimos
   abundante maná de la mano de Dios,
   para que ahora abajo, así como Arriba,
   la humanidad exprese el Amor Divino.

Sexto Rayo
Servicio, juicio y resurrección

YO SOY el guardián de mi hermano

En el nombre de la amada, poderosa y victoriosa Presencia de Dios YO SOY en mí, de mi muy amado Santo Ser Crístico, Santo Ser Crístico de toda la humanidad, amado Gran Director Divino, amada Diosa de la Libertad, amada Maestra Ascendida Nada, amada Palas Atenea, amado Poderoso Ciclopea, amada Kuan Yin, amada Poderosa Porcia, amado Señor Maha Chohán, amado Jesucristo, amada Virgen María, amados Gurú Ma y Lanello, todo el Espíritu de la Gran Hermandad Blanca y la Madre del Mundo, vida elemental: ¡fuego, aire, agua y tierra! yo decreto:

> YO SOY el guardián de mi hermano.
> ¡Oh Dios, ayúdame a ser
> toda asistencia y servicio,
>
> compasión como eres Tú!
> YO SOY el guardián de mi hermano.
> Oh Jesús, por tu Llama
> de la bendición de la Resurrección
> da Consuelo en tu nombre.
>
> YO SOY el guardián de mi hermano.
> ¡Oh Presencia de Dios tan cercana,
> la plenitud de tu bendición,
> aparece como pura Divinidad!
>
> ¡YO SOY el guardián de mi hermano,
> el guardián de su Llama;
> con poder y saber silenciosos,
> en Tu nombre lo amo!

La oración de San Francisco de Asís

Señor,
hazme un instrumento de tu paz.
Donde haya odio, déjame sembrar amor;
donde haya ofensa, perdón;
donde haya duda, fe;
donde haya desesperación, esperanza;
donde haya oscuridad, luz; y
donde haya tristeza, alegría.
Oh Maestro Divino,
concédeme que no busque tanto
ser consolado como consolar;
ser comprendido como comprender;
ser amado como amar.
Porque es al dar que recibimos,
es al perdonar que somos perdonados, y
es al morir que nacemos a la Vida eterna.

«La ola del futuro»
Paz desde los Himalayas
de Kuthumi

¡He atrapado la ola del futuro! He tomado la antorcha de mi yo futuro y la he traído de vuelta al presente, que ahora veo que ya es el pasado. YO SOY el que irradia Paz. YO SOY el Uno Infinito, la presencia que ordena Paz para toda la vida. Traigo la victoria de mi futuro a esta era. Traigo olas doradas de Paz donde YO SOY.

Verdaderamente, YO SOY un hijo del futuro, sostenido en los brazos del Amor, y me muevo entre mi prójimo, sin que ellos sepan que ya han descendido al distante pasado. Y aunque nos golpeemos las narices y nos rocemos los codos, a pesar de todo yo he entrado en la espiral acelerada del reino que viene y la victoria ganada.

Estaré allí con la luz dorada de la victoria. Pero entonces volveré atrás más y más en el tiempo y sostendré esa luz para aquellos que no puedan ver, que no hayan viajado hasta el sol, que no se atrevan a soltar amarras.

¡YO SOY Luz, Luz, Luz!
¡YO SOY Luz, Luz, Luz!

Estoy en la Tierra y dondequiera que vaya, esta Luz continúa consumiendo la infamia de los caídos. Su irrealidad no es real. Y lo sé y lo veo. Y evitaré que esa irrealidad se petrifique en algo físico que parezca real. No existe la muerte, y lo veo; solo existe la victoria del corazón de Jesús.
Sí, no tengo miedo, pues Dios es Dios donde YO SOY.
Y donde YO SOY Saint Germain es.
Y donde YO SOY los santos de blanco se reúnen.
YO SOY la perpetua alabanza al SEÑOR.
YO SOY el instrumento de la Misericordia.
Mi cuerpo es el cuerpo de la Misericordia.
La Luz inunda la Tierra desde mundos lejanos a través de mí, porque YO SOY uno en el corazón de Dios. No te abandonaré desconsolada, oh Tierra. Vendré a ti. Pues he encontrado mi corazón de corazones, mi amor, mi amada Presencia YO SOY.

Séptimo Rayo
Libertad, misericordia y transmutación

Decreto por la sagrada Luz de la Libertad
de Saint Germain

¡Poderosa Luz Cósmica!
Deslumbrante y amada Presencia YO SOY,
    proclama Libertad en todo lugar;
en Orden y por Control de Dios,
¡YO SOY quien restaura la integridad!

¡Poderosa Luz Cósmica!
Detén las hordas de la oscuridad,
    proclama Libertad en todo lugar;
con Justicia y Servicio fiel,
¡YO SOY quien se acerca a tus pies

¡Poderosa Luz Cósmica!
YO SOY el poder de la Ley prevaleciente,
    proclama Libertad en todo lugar;
ensalzando en todos la buena voluntad,
¡YO SOY la Libertad todavía viviente!

¡Poderosa Luz Cósmica!
Endereza todas las cosas,
   proclama Libertad en todo lugar;
en la Victoria del Amor todos vivirán,
¡YO SOY la Sabiduría que todos conocerán!

YO SOY la sagrada Luz de la Libertad,
¡nunca más sin esperanza!
YO SOY la sagrada Luz de la Libertad,
¡para compartirla siempre!
¡Libertad, Libertad, Libertad!
   ¡Expándete, expándete, expándete!
   ¡YO SOY, YO SOY, YO SOY
por siempre YO SOY Libertad!

Más Fuego Violeta
de Hilarión

Amada Presencia YO SOY en mí,
escucha ahora mi decreto:
haz realidad la bendición por la que invoco
al Cristo de todos sin excepción.

Que la Llama Violeta de la Libertad
ruede por el mundo para a todos sanar;
satura la Tierra y a todos sus seres,
con el brillo del Cristo de intenso fulgor.

YO SOY esta acción desde Dios en lo alto,
sostenida por la mano del Amor del cielo,
transmutando las causas de discordia aquí,
eliminando todo núcleo para que nadie tema.

YO SOY, YO SOY, YO SOY
todo el poder del Amor de la Libertad
elevando a la Tierra hacia el cielo en lo alto.
Fuego Violeta, ardiente resplandor,
en tu viva belleza está la Luz de Dios
Que hace que el mundo, toda vida y yo mismo seamos

libres eternamente
en la Perfección de los Maestros Ascendidos.
¡Omnipotente YO SOY! ¡Omnipotente YO SOY! ¡Omnipotente YO SOY!

YO SOY la Llama Violeta

En el nombre de la amada, poderosa y victoriosa Presencia de Dios YO SOY en mí, y de mi amado Santo Ser Crístico, invoco a los amados Alfa y Omega en el corazón de Dios en nuestro Gran Sol Central, al amado Saint Germain, amada Porcia, amado Arcángel Zadquiel, amada Santa Amatista, amados Poderosos Arcturus y Victoria, amada Kuan Yin, Diosa de la Misericordia, amados Orómasis y Diana, amada Madre María, amado Jesús, amado Omri-Tas, regente del planeta violeta, amado gran Consejo Kármico, amados Gurú Ma y Lanello, todo el Espíritu de la Gran Hermandad Blanca y la Madre del Mundo, vida elemental: ¡fuego, aire, agua y tierra!

Para que expandan la Llama Violeta dentro de mi corazón, purifiquen mis cuatro cuerpos inferiores, transmuten toda la energía mal cualificada que yo haya impuesto alguna vez sobre la vida y destellen el rayo curativo de la misericordia por toda la Tierra, los elementales y toda la humanidad, y respondan a este mi llamado infinitamente, de inmediato, y para siempre:

> YO SOY la Llama Violeta
> en acción en mí ahora.
> YO SOY la Llama Violeta
> solo ante la Luz me inclino.
> YO SOY la Llama Violeta
> en poderosa Fuerza Cósmica.
> YO SOY la Luz de Dios
> resplandeciendo a toda hora.
> YO SOY la Llama Violeta
> brillando como un sol.
> YO SOY el poder sagrado de Dios
> liberando a cada uno.

La Ley del Perdón

Amada, poderosa y victoriosa Presencia de Dios YO SOY en mí, amado Santo Ser Crístico, amado Padre Celestial, amado gran Consejo Kármico, amada Kuan Yin, Diosa de la Misericordia, amados Gurú Ma y Lanello, todo el Espíritu de la Gran Hermandad Blanca y la Madre del Mundo, vida elemental: ¡fuego, aire, agua y tierra!

En el nombre y por el poder de la Presencia de Dios que YO SOY y por el poder magnético del fuego sagrado del que estoy investido, invoco la Ley del Perdón y la Llama Violeta Transmutadora por toda transgresión de tu Ley, toda desviación de tus alianzas sagradas.

Restaurad en mí la Mente Crística, perdonad mis caminos errados e injustos, hacedme obediente a vuestros preceptos, dejad que camine humildemente con vosotros todos mis días.

En el nombre del Padre, de la Madre, del Hijo y del Espíritu Santo, yo decreto por todos aquellos a los que haya ofendido alguna vez y por todos aquellos que me hayan ofendido alguna vez:

¡Fuego Violeta, envuélvenos! (3x)
¡Fuego Violeta, guárdanos! (3x)
¡Fuego Violeta, libéranos! (3x)

YO SOY, YO SOY, YO SOY el que está rodeado
   por un pilar de Llama Violeta,*
YO SOY, YO SOY, YO SOY quien abunda en
   puro Amor por el gran nombre de Dios,
YO SOY, YO SOY, YO SOY completo
   por tu patrón de Perfección tan bello,
YO SOY, YO SOY, YO SOY la radiante llama
   del Amor de Dios que desciende gentilmente por el aire.

¡Desciende a nosotros! (3x)
¡Resplandece en nosotros! (3x)
¡Satúranos! (3x)

*Se puede decir "llama de misericordia" o "llama morada" en lugar "fuego violeta" o "llama violeta".

Rosario para la paz mundial

En el nombre del Padre y de la Madre,
del Hijo y del Espíritu Santo.
Amén.

Oración diaria del Guardián
de la Maestra Ascendida Nada

Una llama es activa.
Una llama es vital.
Una llama es eterna.

¡YO SOY una Llama Divina de radiante Amor
desde el Corazón mismo de Dios
en el Gran Sol Central,
que desciende del Maestro de la Vida!
YO SOY el que está saturado ahora
con la Suprema Conciencia Divina
y el Conocimiento Solar
de los bien amados Helios y Vesta.

Peregrino en la Tierra,
YO SOY quien camina diariamente por la senda
de Victoria de los Maestros Ascendidos,
que me conduce a la eterna Libertad
por el poder del fuego sagrado
hoy y siempre,
manifestándose continuamente
en mis pensamientos, sentimientos y percepción inmediata,
trascendiendo y transmutando
todos los elementos de la tierra
en mis cuatro cuerpos inferiores
y liberándome por el poder del fuego sagrado
de esos focos de energía mal cualificada
en mi ser.

¡YO SOY liberado ahora mismo de toda atadura,
a través y mediante las corrientes de la Llama Divina
del fuego sagrado mismo,
cuya acción ascendente me convierte
en Dios en manifestación,
Dios en acción,
Dios por dirección
y Dios en conciencia!
¡YO SOY una Llama activa!
¡YO SOY una Llama vital!
¡YO SOY una Llama eterna!
¡YO SOY una chispa de fuego que se expande desde el
Gran Sol Central,
atrayendo hacia mí ahora todo rayo
de energía divina que necesite
y que nunca puede ser cualificada de nuevo por lo humano,
y me inunda con la Luz
y la iluminación Divina de mil soles
para asumir la potestad y el gobierno supremo
por siempre dondequiera que YO SOY!

Donde YO SOY, ahí está Dios también.
Sin separarme por siempre permanezco,
aumentando mi Luz
con la sonrisa de su resplandor,
la plenitud de su Amor,
la omnisciencia de su Sabiduría
y el poder de su Vida eterna,
que automáticamente me eleva
con alas de la ascensión de Victoria,
que han de retornarme al Corazón de Dios
de donde, en Verdad,
¡YO SOY quien ha venido a cumplir la Voluntad de Dios
y a manifestar Vida abundante para todos!

Llamado al Aliento de Fuego

YO SOY, YO SOY, YO SOY el Aliento de Fuego de Dios
desde el corazón de los amados Alfa y Omega.
Este día YO SOY el Concepto Inmaculado
expresándose doquiera que voy.
Ahora YO SOY el que está lleno de Júbilo,
porque YO SOY ahora la plena expresión del Amor Divino.

Mi amada Presencia YO SOY,
séllame ahora dentro del corazón mismo
del Aliento de Fuego de Dios en expansión.
Que su pureza, su integridad y su amor
se manifiesten dondequiera que yo esté hoy y por siempre. (3x)

¡Yo acepto que esto se cumpla ahora mismo con pleno poder!
¡YO SOY esto cumplido ahora mismo con pleno poder!
YO SOY, YO SOY, YO SOY la Vida de Dios
expresando perfección en toda forma y en todo momento.
Esto que pido para mí lo pido para todo hombre, mujer y niño
en este planeta.

Padre Nuestro YO SOY
de Jesús el Cristo

Padre nuestro que estás en el cielo,
santificado sea tu nombre, YO SOY.
YO SOY tu Reino venido.
YO SOY tu Voluntad cumpliéndose.
YO SOY en la tierra como YO SOY en el cielo.
YO SOY quien da hoy el pan de cada día a todos.
YO SOY quien perdona a toda Vida hoy, tal como
YO SOY también toda Vida perdonándome.
YO SOY quien aparta a todo hombre de la tentación.
YO SOY quien libra a todo hombre de toda condición perniciosa.
YO SOY el Reino,
YO SOY el Poder y
YO SOY la Gloria de Dios en eterna e inmortal manifestación.
Todo esto YO SOY.

1   Lo que era desde el principio, lo que hemos oído, lo que hemos visto con nuestros ojos, lo que hemos contemplado, y palparon nuestras manos tocante al Verbo de vida;

Ave María

Ave María, llena eres de gracia,
  el Señor es contigo.
Bendita tú eres entre todas las mujeres
  y bendito es el fruto de tu vientre, Jesús.

Santa María, Madre de Dios,
ruega por nosotros, hijos e hijas de Dios,
ahora y en la hora de nuestra victoria
sobre el pecado, la enfermedad y la muerte.

2   porque la vida fue manifestada, y la hemos visto, y testificamos, y os anunciamos la vida eterna, la cual estaba con el Padre, y se nos manifestó;

Ave María

3   lo que hemos visto y oído, eso os anunciamos, para que también vosotros tengáis comunión con nosotros; y nuestra comunión verdaderamente es con el Padre, y con su Hijo Jesucristo.

Ave María

4   Estas cosas os escribimos, para que vuestro gozo sea cumplido.

Ave María

5   Este es el mensaje que hemos oído de él, y os anunciamos: Dios es luz, y no hay ningunas tinieblas en él.

Ave María

6   Si decimos que tenemos comunión con él, y andamos en tinieblas, mentimos, y no practicamos la verdad;

Ave María

7   pero si andamos en luz, como él está en luz, tenemos comunión unos con otros, y la sangre de Jesucristo su Hijo nos limpia de todo pecado.

Ave María

Padre Nuestro YO SOY

1   Si decimos que no tenemos pecado, nos engañamos a nosotros mismos, y la verdad no está en nosotros.

Ave María

2   Si confesamos nuestros pecados, él es fiel y justo para perdonar nuestros pecados, y limpiarnos de toda maldad.

Ave María

3   Si decimos que no hemos pecado, le hacemos a él mentiroso, y su palabra no está en nosotros.

Ave María

4   Hijitos míos, estas cosas os escribo para que no pequéis; y si alguno hubiere pecado, abogado tenemos para con el Padre, a Jesucristo el justo.

Ave María

5   Y él es la propiciación por nuestros pecados; y no solamente por los nuestros, sino también por los de todo el mundo.

Ave María

6   Y en esto sabemos que nosotros le conocemos, si guardamos sus mandamientos.

Ave María

7   El que dice: Yo le conozco, y no guarda sus mandamientos, el tal es mentiroso, y la verdad no está en él;

Ave María

Padre Nuestro YO SOY

1   pero el que guarda su palabra, en este verdaderamente el amor de Dios se ha perfeccionado; por esto sabemos que estamos en él.

Ave María

2   El que dice que permanece en él, debe andar como él anduvo.

Ave María

3   Hermanos, no os escribo mandamiento nuevo, sino el mandamiento antiguo que habéis tenido desde el principio; este mandamiento antiguo es la palabra que habéis oído desde el principio.

Ave María

4   Sin embargo, os escribo un mandamiento nuevo, que es verdadero en él y en vosotros, porque las tinieblas van pasando, y la luz verdadera ya alumbra.

Ave María

5   El que dice que está en la luz, y aborrece a su hermano, está todavía en tinieblas.

Ave María

6   El que ama a su hermano, permanece en la luz, y en él no hay tropiezo.

Ave María

7   Pero el que aborrece a su hermano está en tinieblas, y anda en tinieblas, y no sabe a dónde va, porque las tinieblas le han cegado los ojos.

Ave María

Afirmaciones Transfiguradoras de Jesucristo

YO SOY EL QUE YO SOY.
YO SOY la puerta abierta que nadie puede cerrar.
YO SOY la luz que ilumina a todo hombre
   que viene al mundo.
YO SOY el camino.
YO SOY la verdad.
YO SOY la vida.
YO SOY la resurrección.
YO SOY la ascensión en la luz.
YO SOY el cumplimiento de todas mis necesidades
   y requisitos del momento.
YO SOY abundante provisión vertida sobre toda Vida.
YO SOY vista y oído perfectos.
YO SOY la manifiesta perfección del ser.
YO SOY la ilimitada luz de Dios
   manifestada en todas partes.
YO SOY la Luz del Sanctasanctórum.
YO SOY un hijo de Dios.
YO SOY la luz en el santo monte de Dios.

¡Gloria al Padre,
y al Hijo
y al Espíritu Santo!
Como era en el principio,
ahora y por siempre,
vida sin fin,
YO SOY, YO SOY, YO SOY.

En el nombre del Padre y de la Madre,
del Hijo y del Espíritu Santo
Amén.

Notas

Capítulo 1 • Unión mística
1. Kahlil Gibran, *El Profeta*.
2. Teresa de Lisieux, citada en Harvey D. Egan, *An Antology of Christian Mysticism (Antología de misticismo cristiano)* (Collegeville, Minn.: Liturgical Press, 1991), pág. 511.
3. SSoeur Therese of Lisieux: *The Little Flower of Jesus (Sor Teresa de Lisieux: la florecilla de Jesús)*, ed. T. N. Taylor (New York: Kenedy and Sons, 1924), pág. 195.
4. Teresa de Lisieux, *Historia de un alma, autobiografía*.
5. Catalina de Génova, citada en John G. Arintero, *The Mystical Evolution (La evolución mística)*, trad. al inglés Jordan Aumann (St. Louis, Mo.: B. Herder Book Co., 1951), 2:284.
6. Apocalipsis 7:9.
7. Apocalipsis 7:14.
8. Juan 17:5, 20-21.
9. David Godman, ed., *Be As You Are: The Teachings of Sri Ramana Maharshi (Sé como eres: Las enseñanzas de Sri Ramana Maharshi)*, Boston: Arkana, 1985), contraportada.
10. Ibid., pág. 12.
11. Swami Abhishiktananda (Henri Le Saux), *Saccidananda: A Christian Approach to the Advaitic Experience (Saccidananda: una perspectiva Cristiana sobre la experiencia advaita)* (India: ISPCK, 1984).
12. Jesucristo, "The Point of Dazzling Joy" ("El punto de una alegría deslumbrante"), *Perlas de Sabiduría*, vol. 35, no. 69, 29 de diciembre de 1992. También en *The Word (La Palabra)*, volumen 7, cap. 19.

Capítulo 3 • La ciencia de la Palabra hablada
1. Juan 1:1.
2. Sir John Woodroffe, *The Garland of Letters: Studies in the Mantra-Sastra (La guirnalda de letras: Estudios del Mantra-Sastra)* (Pondicherry, India: Ganesh and Co., n.d.), pág. 4.
3. Éxodo 3:1-6; 13-15.

Capítulo 4 • Cómo afrontar la oscuridad
1. Apocalipsis 12:7-12.
2. Daniel 12:1.

Capítulo 5 • La Hermandad de luz
1. Apocalipsis 1:8, 11.
2. Apocalipsis 1:4; 3:1; 4:5; 5:6.
3. Job 38:7.
4. Elizabeth Clare Prophet, *The Great White Brotherhood in the History and Religion of America* (*La Gran Hermandad Blanca en la historia, cultura y religión de los Estados Unidos*), págs. 269-70.
5. Heros y Amora, "Bricks of the Ruby Ray Planted in the Earth for the Restabilization of the Planet" ("Ladrillos del rayo rubí plantados en la Tierra para la restabilización del planeta"), *Perlas de Sabiduría*, vol. 38, no. 40, 17 de septiembre de 1995.
6. Paz y Aloha, "The Path of True Love" ("El sendero del verdadero amor"), *Perlas de Sabiduría*, vol. 36, no. 21, 23 de mayo de 1993.
7. Las cuatro fuerzas cósmicas están indicadas en Ezequiel 1:10 y el Apocalipsis 4 como el León, el Becerro (buey), el Hombre y el Águila Voladora.
8. Génesis 3:24.
9. Éxodo 25:20.

Capítulo 6 • El sendero del amor acelerado
1. *Symbolism in Hinduism*, [*Simbolismo en el hinduismo*] [Bombay: Central Chinmaya Mission trust, 1989], pág. 13). Ishvara es el Señor de todos los mundos de arriba y abajo, el Ishvara del corazón es el Cristo sellado en la llama trina que está en la cámara secreta del corazón.
2. Elizabeth Clare Prophet, *La apertura del séptimo sello: Sanat Kumara sobre el sendero del rayo rubí*), cap. 2.
3. Véase Elizabeth Clare Prophet, *Unveiling the Mysteries of Revelation* (*La revelación de los misterios del Apocalipsis*) (álbum audio MP3), disponible en store.SummitLighthouse.org.
4. Colosenses 1:27.
5. Para conocer anteriores encarnaciones de Jesucristo, véase Mark L. Prophet y Elizabeth Clare Prophet, *Los Maestros y sus retiros*.
6. En Marcos 6:7 y Lucas 10:1 se describe cómo Jesús envió a sus apóstoles y a los «otros setenta» de dos en dos a su misión.
7. Pablo el Veneciano, "The Call of Serapis" ("El llamado de Serapis"), *Perlas de Sabiduría*, vol. 48, no. 51, 11 de diciembre de 2005.
8. Véase Elizabeth Clare Prophet, *La apertura del séptimo sello*.
9. Serapis Bey y Sanat Kumara, "The Embodied Lamb" ("El Cordero encarnado"), *Perlas de Sabiduría*, vol. 42, no. 18, 2 de mayo de 1999.

Capítulo 7 • La Diosa flamígera

1. Mateo 10:16.
2. Ellen Chun, "Tao as the Great Mother and the Influence of Motherly Love in the Shaping of Chinese Philosophy" ("El Tao como la Gran Madre y la influencia del amor maternal en la formación de la filosofía china"), *History of Religions (Historia de las religiones)*, 14:1 (aug., 1974), pág. 54.
3. Michael Lafargue trad., The Tao of the Tao-de-Jing (New York: State University of New York Press, 1992), pág. 64; Robert G. Henricks, trad., *Te-Tao Ching* (New York: Ballantine Books, 1989), cap. 20; Wing-tsit Chan, trad., *The Way of Lao Tzu* (Tao-te ching) (Indianapolis, Ind.: Bobbs-Merrill Co., 1963), cap. 34; John C. H. Wu, *Tao the Ching* (Boston: Shambhala Publications, 1990), pág. 75.

Capítulo 8 • El camino del Buda

1. Gautama Buda, "The Message of the Inner Buddha" ("El mensaje del Buda interior"), *Perlas de Sabiduría,* vol. 32, no. 29, 16 de junio de 1989.
2. Bhikshu Sangharakshita, *A Survey of Buddhism (Un estudio sobre el budismo),* rev. ed. (Boulder, Colo.: Shambhala con London: Windhorse, 1980), pág. 372.
3. Indrabhuti, *Jnanasiddhi,* citado en Lama Anagarika Govinda, *Insights of a Himalayan Pilgrim (Pensamientos de un peregrino del Himalaya)* (Berkeley: Dharma Publishing, 1991), pág. 113.
4. Geshe Wangyal, trad., *The Door of Liberation (La puerta de la liberación)* (New York: Lotsawa, 1978), pág. 208.

Capítulo 9 • Cómo conectarte con un Maestro Ascendido como tu Gurú

1. Mateo 22:37-40.

Acerca de
The Summit Lighthouse

The Summit Lighthouse es un centro espiritual de reconocimiento internacional para el avance del despertar interior personal. Nuestra organización internacional es una familia global inspirada, guiada y patrocinada por aquellos seres conocidos como los Maestros Ascendidos.

Los Maestros Ascendidos son los seres trascendentes más amados y dignos de toda nuestra confianza que guían la evolución material y espiritual de nuestro planeta. La mayor parte de las religiones del mundo actualmente están basadas en las revelaciones que uno o más de estos maestros manifestaron antes de ascender. En The Summit Lighthouse recibimos con los brazos abiertos a los buscadores espirituales provenientes de todos los caminos de luz, lo cual incluye a las tradiciones místicas de las religiones del mundo.

Los Maestros Ascendidos y sus Mensajeros nos han dado más de quince mil horas de sabiduría y enseñanza interior invaluable y nos han proporcionado el medio para que recibamos la iniciación directa hacia la conciencia superior.

Para los Maestros Ascendidos ningún tema está prohibido. Sus enseñanzas contienen increíbles verdades y asombrosas respuestas sobre espiritualidad, alquimia, astrología, geometría sagrada, ciencia espiritual, karma, reencarnación, ascensión, arcángeles (y ángeles caídos) e incluso aquellos temas considerados como tabú o como algo «fuera de este mundo».

Metas principales de las Enseñanzas de los Maestros Ascendidos

Todos los días los Maestros Ascendidos nos desafían para que seamos valientes, nos atrevamos a ser quien somos en realidad y afrontemos la adversidad con valor, paciencia, perseverancia, honestidad, integridad, amor interior, disciplina y discernimiento; todo ello para lograr un sentimiento más grande de paz interior, falta de temor, quietud y silencio, armonía, maestría sobre nosotros mismos, compasión y sabiduría.

Estas enseñanzas suponen una ayuda para que nuestra alma regrese a su fuente interior individualizada de Verdadero Amor Propio que es su origen: el Yo Superior o Presencia YO SOY. Nuestro punto de contacto con nuestro Yo Superior es la «Chispa de la Vida» o «Fuego Sagrado del Corazón», el punto donde nuestra conciencia expresa su verdadera naturaleza divina de amor incondicional y felicidad, unión universal y auténtico deseo de servir a los demás.

Cómo se originaron nuestras enseñanzas

Todas nuestras enseñanzas se entregaron a través de unos Mensajeros altamente preparados y dignos de toda confianza, Mark L. Prophet y Elizabeth Clare Prophet. El Maestro Ascendido El Morya entró en contacto con Mark cuando este tenía dieciocho años y lo preparó durante muchos años antes de pedirle que estableciera The Summit Lighthouse en 1958, en la ciudad de Washington.

Al ascender en 1973, Mark dio el relevo de la misión a su talentosa esposa, Elizabeth Clare Prophet, la cual continuó su servicio hasta 1999, año en el que se retiró.

Los dictados de los Maestros Ascendidos se dieron con regularidad en público. Los Maestros Ascendidos también fueron una inspiración para miles de conferencias que dieron los Mensajeros. El contenido de los dictados, según el entendimiento humano en general, supera la capacidad que tiene la mente para establecer un orden lógico al momento. Los dictados contienen frecuencias de luz muy potentes que nos despiertan hacia las verdades más grandes que hayamos vivido.

Tú eres quien debe decidir qué valor tienen.

Avance hacia la victoria

Sea cual sea el camino de luz en el que te encuentres, la libertad espiritual se logra utilizando las herramientas transmitidas en enseñanzas de sabiduría a lo largo de milenios: meditación, servicio abnegado, música devocional, oración, mantra y la ciencia de la Palabra hablada. Los maestros ofrecen un conocimiento acelerado de estos principios que se ajusta especialmente a los desafíos del mundo moderno, en lo cual se incluye el trabajo con los decretos dinámicos y el uso de la llama violeta

Siguientes pasos

Tenemos un sincero entusiasmo por conocerte en el sendero y esperamos que tú sientas lo mismo. Te damos una cálida bienvenida de parte de todos los integrantes de The Summit Lighthouse y te invitamos a que explores las enseñanzas de los Maestros Ascendidos en nuestro sitio web, https://wwwSummitLighthouse.org. Fíjate en las lecciones online gratuitas que tenemos y en los cientos de artículos que tratan de una amplia gama de temas espirituales. Entra y visita nuestra librería online. Y si prefieres hablar con alguien, no dudes en ponerte en contacto con nosotros hoy mismo.

The Summit Lighthouse®
63 Summit Way
Gardiner, Montana 59030 USA
1-800-245-5445 / 406-848-9500

Se habla español.

info@SummitUniversityPress.com
SummitLighthouse.org

La llama violeta
para curar cuerpo, mente y alma

"La llama violeta es una luz que sirve a todas las culturas espirituales, que da respeto y dignidad a todas las cosas. Nos proporciona una manera de relacionarnos con los demás... En verdad, es lo que te confiere poder".
—DANNION BRINKLEY,
autor de *Salvado por la luz*

Edgar Cayce, vidente el siglo xx, reconoció el poder curativo de la luz violeta. Dannion Brinkley vio y contactó la llama violeta en sus experiencias cercanas a la muerte. Sanadores y alquimistas han utilizado esta energía espiritual de alta frecuencia para traer equilibrio energético y transformación espiritual.

Ahora tú puedes aplicar las técnicas prácticas de este libro para que crees equilibrio, armonía y cambios positivos: en cuerpo, mente y alma.

Los maestros y sus retiros

Las grandes luces que han salido de todas las tradiciones espirituales del mundo y que se han graduado de la escuela de la Tierra han llegado a ser conocidas como Maestros. Ellos nos demuestran que en el mundo del Espíritu no hay división de razas, religiones o filosofías; hay simplemente unión, dulzura inefable y amor.

Lo que no es tan conocido es que estos grandes Maestros tienen retiros —templos y ciudades de luz en el mundo celestial— a donde podemos ir en meditación espiritual y cuando nuestro cuerpo duerme por la noche.

En esta magnífica obra, Mark y Elizabeth Prophet hablan de estos grandes Maestros, de la historia de sus vidas y de sus increíbles retiros espirituales.

Saint Germain
El misterio de la llama violeta

La Piedra filosofal. El Santo Grial. El elixir de la vida

Durante milenios, los místicos y alquimistas han buscado las claves para desentrañar los secretos de la vida y la eternidad. Sus descubrimientos se ocultaron a menudo mediante símbolos esotéricos, con el fin de esconder el conocimiento real de quienes podrían usarlo para sus propósitos egoístas.

Saint Germain fue uno de esos buscadores. A lo largo de muchas vidas como alquimista, adepto y visionario descubrió las invaluables fórmulas antiguas para la autotransformación.

En esta época, vuelve otra vez y revela algo de ese conocimiento a los que finalmente están preparados para recibirlo: místicos como tú. Y lo más importante, revela los profundos secretos de la llama violeta, la clave para la transformación personal y mundial.

Encuentra tu libertad suprema a través del misterio de la llama violeta

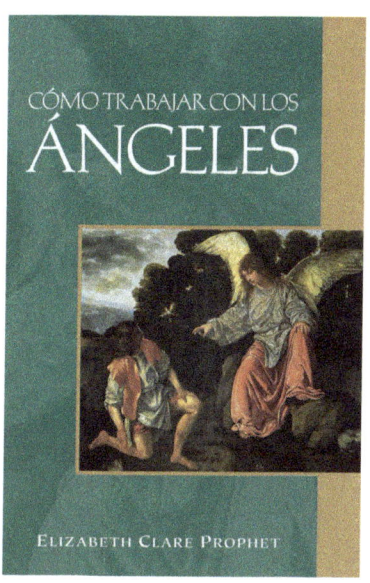

Cómo trabajar con los ángeles

¿Alguna vez has pensado en establecer una relación con un ángel?

Cómo trabajar con los ángeles te muestra cómo hacerte amigo de los ángeles de manera que te puedan ayudar de forma práctica y personal: protegiéndote, inspirándote, sanándote y consolándote.

Mientras más aprendas cómo trabajar con los ángeles, más eficazmente podrán ayudarte. Incluso pueden elevarte para que vislumbres a tu Yo Superior.

Aprende diez pasos para que los ángeles sean parte de tu vida. Y prepárate para los cambios maravillosos cuando les llames y te contesten.

Almas compañeras y llamas gemelas
La dimensión espiritual del amor y las relaciones

La búsqueda del amor —y de la pareja perfecta—
es en realidad una búsqueda de la plenitud.

De forma cálida y llena de sabiduría, *Almas compañeras y llamas gemelas* ayuda tanto a hombres como a mujeres a explorar las dimensiones espirituales de las relaciones y encontrar nuevas claves para llegar a la plenitud y el verdadero amor.

Aprenderás asuntos específicos sobre las almas compañeras, las llamas gemelas y las parejas kármicas. Llegarás a entender por qué atraes un cierto tipo de amor a tu vida. Y por qué incluso las relaciones más difíciles pueden servir de trampolín hacia ese amor perfecto que has estado buscando.

«Después de treinta y cinco años como asesora de parejas, creo que *Almas compañeras y llamas gemelas* tiene un enorme poder para revelar los misterios internos del alma y la verdadera esencia del amor mediante un profundo análisis de experiencias reales e historias de amor clásicas».
—Marilyn C. Barrick, Ph.D., psicóloga clínica y autora de Sacred Psychology of Love (La psicología sagrada del amor)

Sobre los autores

Mark L. Prophet (1918-1973) y Elizabeth Clare Prophet (1939-2009) fueron pioneros de la espiritualidad moderna, conferencistas y autores reconocidos de ámbito internacional. Los dos prestaron servicio como Mensajeros de los Maestros Ascendidos, entregando sus enseñanzas al mundo. Esas enseñanzas ahora están publicadas en más de 30 idiomas, habiéndose vendido millones de ejemplares de sus libros en todo el mundo.

Los Prophet también demostraron el sendero que enseñaron y, por tanto, caminaron por el sendero de los adeptos espirituales y pasaron por las iniciaciones descritas por los místicos tanto orientales como occidentales.

www.ingramcontent.com/pod-product-compliance
Lightning Source LLC
Chambersburg PA
CBHW061305110426
42742CB00012BA/2070